车联网安全认证协议与算法

周由胜　唐　飞　刘英军　著

科 学 出 版 社

北　京

内 容 简 介

本书围绕近年来新兴的车联网认证的研究热点和难点，以车联网认证中的隐私保护为主线，重点介绍和分析隐私保护、密钥弹性安全、轻量化等特性在车联网认证协议与算法中的具体实现。本书分为5章，包括车联网安全与认证相关的基本概念、车联网安全认证协议与算法安全证明基础、车联网认证中的隐私保护问题及相关认证协议构造、车联网安全认证中的防密钥泄露问题及具体认证方案构造和车联网认证的轻量化问题及具体协议设计等内容。

本书适合高等院校网络空间安全相关专业的高年级本科生、研究生和对车联网安全感兴趣的工程技术人员阅读参考。

图书在版编目（CIP）数据

车联网安全认证协议与算法 / 周由胜，唐飞，刘英军著. —北京：科学出版社，2022.4

ISBN 978-7-03-068519-3

Ⅰ. ①车… Ⅱ. ①周… ②唐… ③刘… Ⅲ. ①汽车－物联网－网络安全－研究 Ⅳ. ①U469-39

中国版本图书馆 CIP 数据核字（2021）第 061093 号

责任编辑：叶苏苏 霍明亮 / 责任校对：杨 赛
责任印制：罗 科 / 封面设计：义和文创

科学出版社 出版
北京东黄城根北街 16 号
邮政编码：100717
http://www.sciencep.com
四川煤田地质制图印刷厂 印刷
科学出版社发行 各地新华书店经销
*
2022 年 4 月第 一 版 开本：720 × 1000 1/16
2022 年 4 月第一次印刷 印张：8
字数：166 000

定价：109.00 元

（如有印装质量问题，我社负责调换）

前　言

在人工智能、大数据、物联网、5G 等新技术的推动下，研发制造具备电动化、智能化、网联化等特性的智能网联汽车已成为当前汽车产业变革的新趋势。智能网联汽车基于车联网与智能车的有机融合，通过车与人、车、路、后台等智能信息交换共享，从而实现安全、舒适、节能、智能行驶。智能网联汽车在为用户提供如导航、娱乐、交通信息等服务时，面临着数据的安全性和用户信息的隐私保护等挑战。例如，针对用户位置信息的追踪、传输信息的拦截与监听、车辆用户真实身份的揭示等。为了保证车联网内车辆之间的安全通信，必须提供安全可靠的认证机制以确保接入车联网的车辆的真实性，同时为消息传输加密提供支持。为此，本书讨论面向车联网的身份认证、密钥交换协议和算法的设计技术，主要包含本书作者在车联网认证领域的部分研究成果，全书共 5 章，具体内容如下所示。

第 1 章简要介绍车联网安全相关的基本概念，包括车联网体系结构、车联网安全威胁分析、车联网认证研究现状等内容。

第 2 章介绍车联网安全认证协议与算法设计中用到的基础知识，包括数学基础、格密码基础、可证明安全性、安全模型、BAN 逻辑等内容。

第 3 章介绍车联网认证中的隐私保护问题，重点讨论认证中的身份保护和消息可连接性安全，构造基于信任扩展认证机制的匿名认证方案和带有可控连接的匿名认证方案。

第 4 章介绍车联网安全认证中的防密钥泄露问题，重点讨论车联网认证协议的密钥隔离机制及特定消息的可否认机制，构造密钥隔离安全的认证方案与密钥隔离的可否认认证方案。

第 5 章介绍车联网认证协议的轻量化问题，重点讨论椭圆曲线密码和格密码在车联网认证协议中的应用，构造轻量级运算基于椭圆曲线的车联网漫游认证协议和基于格的车联网漫游认证协议。

本书撰写过程中得到了研究生龙兴旺、刘思伶、赵晓凤、王龙安、李霞等的协助，同时也得到了网络空间与信息安全重庆市重点实验室陈龙教授等同事的大力支持，以及重庆市网络空间安全重点学科（SYLZDXK11）的资助，在此一并感谢。由于作者水平有限，书中不足之处在所难免，请各位读者批评指正。

目　　录

第 1 章　车联网安全与认证概述

1.1　车联网的发展历程

车联网的构想于 2009 年 12 月在美国交通部发布的《智能交通系统战略研究计划：2010—2014》中被首次提出，随后，车联网逐渐成为各研究人员关注的重点，据市场研究公司调查预测，到 2022 年，全球车联网市场规模将突破 1650 亿美元。美国等对车联网技术的相关研究成果居于世界前列，而我国紧密跟进，国内强调传统产业与新一代信息技术的融合，大力发展车联网。2010 年 10 月，关键词“车联网”在百度被第一次搜索；2017 年 9 月，国家制造强国建设领导小组车联网产业发展专项委员会第一次会议在北京召开；2017 年 9 月，中国信息通信研究院发布了《车联网白皮书（2017 年）》；2018 年 1 月，华为技术有限公司与中国移动通信集团重庆有限公司、重庆长安汽车股份有限公司、中移物联网有限公司在渝签署了 5G 车联网联合开发的相关合作协议，共同研究车联网相关技术与功能产品设计。如今，车联网的应用主要有碰撞检测、车路协同、电子路牌、智慧城市交通等，利用车联网合理规划车辆行驶，智能管理城市交通，提高人们生活的便捷性[1, 2]。

1.2　车联网产业的安全现状

1. 安全事件频发

车联网网络攻击风险加剧，人身安全受到威胁。目前，已出现针对车联网的网络攻击事件，部分案例中攻击者可控制汽车动力系统，使驾驶员的生命安全遭到威胁。2015 年，克莱斯勒的 Jeep 车型发现安全漏洞，利用系统漏洞，远程控制汽车的多媒体系统，进而攻击 V850 控制器，并对其固件进行修改，获取远程向控制器局域网络（controller area network，CAN）总线发送指令的权限，达到远程控制动力系统和制动系统的目的，可在用户不知情的情况下降低汽车的行驶速度、关闭汽车引擎、突然制动或者让制动失灵。2016 年，同款 Jeep 车型在被物理接触的情况下，攻击者通过接口注入指令，控制车辆的动力系统，可操控方向盘和制动系统，严重威胁驾驶员人身安全。

黑客破解车联网，可以远程控制车主账户，使车主财产安全受到威胁。2016年，来自挪威安全公司的专家入侵车主手机，获取特斯拉汽车账户用户名和密码，通过登录特斯拉车联网服务平台可以随时对车辆进行定位、追踪，并解锁、启动车辆，最终导致特斯拉汽车被盗，造成车主的财产损失。

2. 安全问题复杂

车联网作为物联网在智能交通领域的典型应用，其产业链覆盖“两端一云”，主要围绕安全、智能出行和信息娱乐，涵盖元器件供应商、设备生产商、整车厂商、软硬件技术提供商、通信服务商、信息服务提供商等。由于车联网产业链较长，且网络安全防护对象数量很多，安全防护环节众多，不可避免地存在产业链的某些环节，如元器件供应商，无法在产品中实现足够的安全防护措施。同时，车联网还面临网络安全需求复杂，网络安全防护手段建设缺乏针对性和系统性等问题。

3. 安全研发处于起步阶段

目前，国内以比亚迪股份有限公司、上海汽车集团股份有限公司等为代表的整车厂商已开始对车联网网络安全工作展开研究，并取得了一定进展。在网络安全技术研发方面，企业内部初步形成了跨部门的合作机制；以安全为基准的全新生产线逐步替代传统的生产线，不断加强车联网全生命周期各环节的网络安全管理。而以北京梆梆安全科技有限公司、北京奇虎科技有限公司等为代表的安全企业在安全防护技术研发和产品创新方面也取得初步成效，除了提供汽车卫士、汽车总线安全评估工具等软硬件产品，还提供渗透测试、安全评测服务；比亚迪股份有限公司、蔚来等整车厂商也探索使用腾讯安全科恩实验室提供的车联网安全解决方案。但整体来看，整车厂商和安全企业的合作以服务采购和黑盒测试为主，双方深度合作进行安全方案设计和安全方案评估的案例有限。

4. 安全标准亟待制定

当前车联网产业发展迅速，车联网网络安全已得到相关管理部门和业界的普遍关注，相关安全政策、安全标准研究制定工作正在积极推进，车联网安全关键技术和产品创新得到鼓励与支持，伴随相关工作成果的逐步落地，车联网安全发展的局面将逐步形成。但现阶段车辆安全技术仍在过渡中，部分车联网安全技术研发和应用推广还需时日，生产线升级换代和安全产品部署应用需要一定周期，以ISO26262《道路车辆功能安全》、SAEJ3061《信息物理汽车系统安全指南》等为指导原则的开发流程落地实施还有一段距离。此外，存量汽车的淘汰周期较长，如何加强存量汽车的网络安全能力目前尚无成熟解决方案。

1.3　车联网体系结构

车联网是指借助新一代的移动通信技术，实现车辆内部，车与人、车与车、车与路、车与服务平台的全方位网络连接，从而提升汽车智能化水平和自动驾驶能力，构建汽车和交通服务新业态，从而提高交通效率，改善汽车驾乘感受，为用户提供智能、舒适、安全、节能、高效的综合服务。车联网架构如图 1.1 所示。其中车联网架构主要包括车联网云服务平台、智能网联汽车及移动智能终端、路边基础设施等在内的车联网通信体系、智能网联汽车平台、智能网联汽车组件。其中各个部分通过形式多样的无线网络通信技术如 Wi-Fi、蓝牙、3G/4G、专用短程通信技术（dedicated short range communications，DSRC）、LTE（long term evolution）-V、近场通信（near field communication，NFC）、制动防抱死系统（antilock brake system，ABS）、电子控制单元（electronic control unit，ECU）、车载信息娱乐（in-vehicle infortainment，IVI）系统及车内总线网络等，实现车-人通信、车-车通信、车-路通信、车-云通信和车内通信五种通信场景[3]。

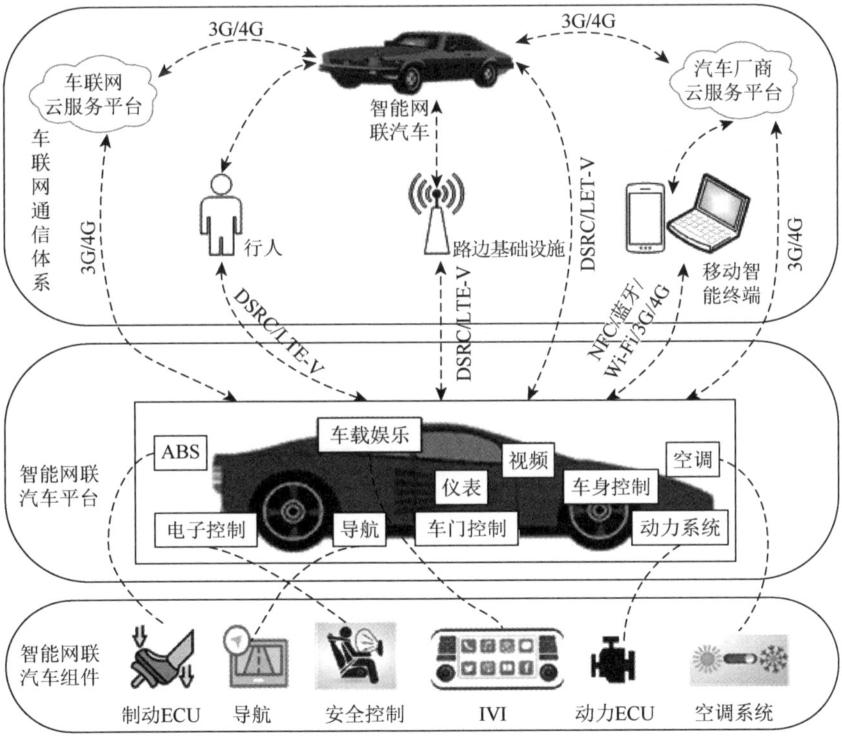

图 1.1　车联网架构

1.3.1　车联网通信分类

车辆与多终端的无线通信是车联网中非常重要的组成部分，其中主要包括车-车通信、车-路通信和车-人通信。车-车通信指智能网联汽车通过 LTE-V2X（LTE-vehicle to everything）、DSRC 与交通网络中的其他车辆进行信息传递，如车辆在行驶过程中报告当前位置的交通拥堵状况、交通事故等，以帮助其他车辆做好路线规划或者提醒其他车辆注意行车安全，从而改善整体的交通状况，降低事故发生率。车-路通信主要指智能网联汽车通过 LTE-V2X、DSRC、射频通信等技术实现车辆与路基设施的协同以辅助建立高效安全的智能交通体系。车-人通信指用户通过 Wi-Fi、蓝牙或蜂窝移动通信网络技术实现与智能网联汽车的信息传递，如车主通过手机对车辆进行控制，进行打开车门、音乐播放等操作。车联网云服务平台是提供智能网联汽车管理和交通、车辆信息内容服务的云端平台，其提供了导航、娱乐、资讯、安防、车辆及道路基础设施设备信息汇聚、计算和监控管理服务，并提供智能化交通管控、车辆远程诊断、交通救援等车辆服务，如车辆通过 T-Box 和云服务平台交互，实现远程控制功能、远程查询功能、安防服务功能。车辆通过车载信息娱乐系统从云服务平台获取娱乐信息服务，包括三维导航、实时路况、辅助驾驶、移动办公、无线通信、基于在线的娱乐功能等一系列应用。

1.3.2　车内总线网络

车内总线网络架构通过总线通信协议将电子控制单元节点连接起来，从而构成车内总线网络，如图 1.2 所示。

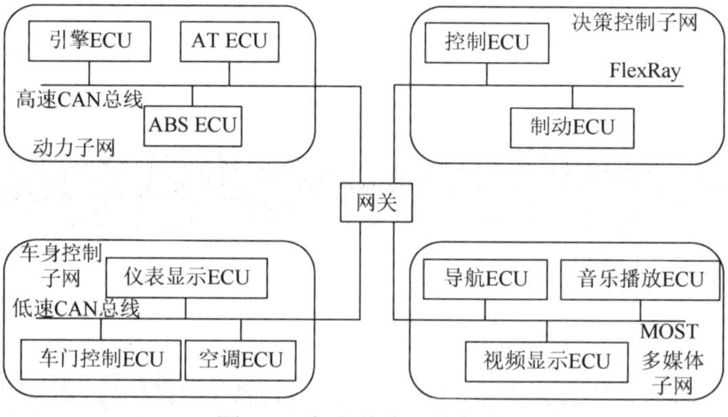

图 1.2　车内总线网络架构

其中，ECU 既是智能网联汽车的核心电子元件，也是车内基本通信单元。ECU 节点根据传感器和总线上的报文信息，完成预定的控制功能和指令动作，如灯光的开闭、电机启停等。而不同 ECU 节点之间的通信是通过车内总线协议来实现的。其中，车内总线协议主要包括 CAN、局域互联网络（local interconnect network，LIN）、FlexRay、面向媒体的系统传输（media oriented system transport，MOST）等。CAN 总线是一种串行数据通信协议，负责车内各个子系统间通信。各个 ECU 节点竞争地向总线发送数据，根据报文标识符确定各节点的总线访问控制优先权，优先级高的 ECU 节点可以向总线发送数据，其余节点等待总线空闲时再次竞争。这种逐位仲裁、明文广播的方式，提高了数据通信的实时性，故 CAN 总线是目前最广泛应用的车内总线协议。LIN 总线即低速串行总线，也称低速 CAN 总线，采用单线传输，传输速率为 10～125kbit/s，大多应用在车门、空调等车身子系统。FlexRay 总线基于时间触发机制，具有带宽高、容错性能好等特点，最大数据传输率达到 10Mbit/s，目前主要应用于与安全相关的线控系统和动力系统中。MOST 总线采用环形结构，在环形总线内只能朝着一个方向传输数据，是一种专门应用于车内多媒体应用的数据总线技术。在众多总线协议中，CAN 总线作为目前最广泛使用的车内总线系统，是学术界和工业界研究的重点。智能网联汽车的车内传感器网络由众多的传感器、执行器和控制器构成。在车辆运行过程中，不同的传感器节点感知行车相关信息，如车内机油温度传感器采集机油温度，转速传感器采集转速信息等，并将光、电、温度、压力等信息转换成电信号，传送给控制器节点。控制器节点对信息进行分析处理后向执行器节点发送控制指令，由执行器节点完成指令动作。众多节点构成车内传感器网络，根据通信协议，协同工作。例如，车内的超声波传感器节点发射超声波信号，遇到障碍物后返回，控制器节点根据发射信号和接收信号的时间差可以推算出发射位置与障碍物之间的距离，若小于安全距离，将相关制动指令发送给执行器节点。这一场景被广泛地应用于自动驾驶或辅助驾驶。

1.4　车联网安全威胁分析

车联网网络安全威胁包括智能网联汽车、车载智能终端、车联网服务平台、车联网通信、车联网数据安全和隐私泄露五方面安全威胁[4]。

1.4.1　智能网联汽车安全威胁分析

1. T-BOX 安全威胁

T-BOX（telematics-BOX）是车载智能终端，主要用于车与车联网服务平台之间的通信。一方面，T-BOX 可与 CAN 总线通信，实现指令和信息的传递；另一方面，其内置调制解调器，可通过数据网络、语音、短信等与车联网服务平台交互，是车内外信息交互的纽带。T-BOX 主要面临几方面的安全威胁：一是固件逆向，攻击者通过逆向分析 T-BOX 固件，获取加密算法和密钥，解密通信协议，用于窃听或伪造指令；二是信息窃取，攻击者通过 T-BOX 预留调试接口读取内部数据，用于攻击分析，或者通过对通信端口的数据抓包，获取用户通信数据。

2. CAN 总线安全威胁

CAN 总线由德国博世公司研发，遵循 ISO11898 及 ISO11519 标准，其已成为汽车控制系统标准总线。CAN 总线相当于汽车的神经网络，连接车内各控制系统，其通信采用广播机制，各连接部件均可收发控制消息，通信效率高，可确保通信实时性。CAN 总线安全风险在于：一是通信缺乏加密和访问控制机制，可被攻击者逆向解析总线通信协议，分析出汽车控制指令，用于伪造攻击指令；二是通信缺乏认证及消息校验机制，不能对攻击者伪造、篡改的异常消息进行识别和预警。鉴于 CAN 总线的特性，攻击者可通过物理侵入或远程侵入的方式实施消息伪造、拒绝服务、重放等攻击，需要通过安全隔离来确保智能网联汽车内部 CAN 总线不被非法入侵。

3. OBD 接口安全威胁

车载诊断（on board diagnostic，OBD）系统接口是智能网联汽车外部设备接入 CAN 总线的重要接口，可下发诊断指令与总线进行交互，进行车辆故障诊断、控制指令收发。目前 OBD 和 CAN 存在三种安全级别的交互模式：一是 OBD 接口设备对 CAN 总线数据可读可写，此类安全风险最大；二是 OBD 接口设备对 CAN 总线可读不可写；三是 OBD 接口设备对 CAN 总线可读，但读取时需遵循特定协议规范且无法修改 ECU 数据，如商用车遵循 CAN 总线 SAEJ1939 协议，后两种交互模式安全风险较小。

OBD 接口面临的安全风险有三类：一是攻击者可借助 OBD 接口，破解总线控制协议，解析 ECU 控制指令，为后续攻击提供帮助；二是 OBD 接口接入的外接设备可能存在攻击代码，接入后容易将安全风险引入汽车总线网络中，给汽车总线控制带来威胁；三是 OBD 接口没有鉴权与认证机制，无法识别恶意消息和攻击报文。目前较多接触式攻击均通过 OBD 接口实施，在 2016 年 BlackHat 大会上，米勒和瓦拉塞克演示了通过 OBD 接口设备，攻击汽车 CAN 总线，干扰汽车驾驶。此外，OBD 接口设备还可以采集总线数据，伪造 ECU 控制信息，造成自动变速箱控制单元（transmission control unit，TCU）等出现系统故障。

4. ECU 安全威胁

ECU 是汽车微机控制器，称为“汽车的大脑”，它和普通的计算机一样，由微处理器、存储器等部件组成。ECU 的微处理器芯片是最主要的运算单元，其核心技术掌握在英飞凌科技公司、飞思卡尔半导体、恩智浦半导体公司、瑞萨半导体等外资企业手中，技术架构存在一定差异。目前汽车上的 ECU 数量有很多，可达几十至上百个，主要应用在发动机管理系统、自动变速箱控制单元、车身控制模块、车身电子稳定系统、电池管理系统、轮胎压力监测系统中。随着汽车技术的发展和功能的增加，汽车上 ECU 的数量呈逐年增加的趋势。

ECU 作为微处理器，主要面临如下安全威胁：一是 ECU 芯片本身可能存在设计漏洞，可能存在认证、鉴权风险。如 iPhone 3GS 就曾经存在硬件漏洞，可用于“越狱提权”且无法进行软件修复；二是 ECU 固件应用程序可能存在安全漏洞，可能导致代码执行或拒绝服务。2015 年通用汽车 TCU 软件模块就爆出过 memcpy()缓冲区溢出漏洞；三是 ECU 更新程序可能缺乏签名和校验机制，导致系统固件被改写，修改系统逻辑或预留系统后门。例如，美国发生过攻击者利用 ECU 调试权限修改固件程序，解锁盗窃车辆的案例。

5. 车载操作系统安全威胁

车载操作系统是管理和控制车载硬件与车载软件资源的程序系统，目前主要有 WinCE、QNX、Linux、Android 等。其中 QNX 是第一个符合 ISO26262ASILD 规范的类 UNIX 实时操作系统，占据较大市场份额。

车载操作系统面临如下传统网络安全威胁：一是系统继承自传统操作系统，代码迁移中可能附带移植已知漏洞，如 WinCE、UNIX、Linux、Android 等均已出现过内核提权、缓冲区溢出等漏洞，由于现有车载操作系统升级较少，所以也存在类似系统漏洞风险；二是系统存在被攻击者安装恶意应用的风险，可能影响系统功能，窃取用户数据；三是车载操作系统组件及应用可能存在安全漏洞，如库文件、Web 程序、文件传输协议（file transfer protocol，FTP）程序可能存在代码执行漏洞，导致车载操作系统遭到连带攻击。

6. IVI 安全威胁

IVI 是采用车载芯片，基于车身总线系统和互联网形成的车载综合信息处理系统，通常具备辅助驾驶、故障检测、车辆信息采集、车身控制、移动办公、无线通信等功能，并与车联网服务平台交互。IVI 附属功能众多，包括蓝牙、Wi-Fi 热点、通用串行总线（universal serial bus，USB）等功能，攻击面大、风险多。

IVI 面临的主要威胁包括软硬件攻击两方面。一是攻击者可通过软件升级的方式，在升级期间获得访问权限进入目标系统；二是攻击者可拆解 IVI 的众多硬件接口，包括内部总线、无线访问模块、其他适配接口（如 USB）等，通过对车载电路进行窃听、逆向等获取 IVI 内信息，进而发起进一步攻击。

7. OTA 安全威胁

远程升级（over-the-air，OTA）指通过云端升级技术，为具有联网功能的设备以按需、易扩展的方式获取系统升级包，并通过 OTA 进行云端升级，完成系统修复和优化的功能。远程升级有助于整车厂商快速修复安全漏洞和软件故障，成为车联网必备功能。其面临的主要威胁包括：一是攻击者可能利用固件校验、签名漏洞，刷入篡改固件，例如，2015 年，米勒和瓦拉塞克攻击 Jeep Cherokee 车联网系统时，就利用了瑞萨 V850ES 芯片固件更新没有签名的漏洞，刷入自制固件，进而控制汽车；二是攻击者可能阻断远程更新，阻止厂商修复安全漏洞。

8. 传感器安全威胁

辅助驾驶需要传感器采集周边环境数据，并进行计算分析为汽车自动驾驶、紧急制动等功能服务。目前传感器主要包括超声波雷达、毫米波雷达和摄像头等信息采集设备中所用到的传感器。其中，超声波雷达频率低，主要对近距离干扰源进行探测；毫米波雷达探测距离为 50～150m。从安全风险来看，对于超声波雷达，存在外来信源欺骗攻击，易受到相同波长的信号干扰导致识别出不存在的障碍物，干扰或直接影响行车安全；对于毫米波雷达，可能面临噪声攻击而导致无法检测障碍物，使传感器停止工作；对于摄像头，存在强光或红外线照射致盲的风险，进而影响行车安全或干扰自动驾驶汽车的整车控制。目前北京奇虎科技有限公司已多次在安全大会上演示通过信号干扰、强光致盲等干扰雷达和摄像头工作，进而影响特斯拉汽车的正常行驶。

9. 电子钥匙安全威胁

电子钥匙目前大多采用无线信号和蓝牙技术。当前面临的威胁：一是攻击者通过信号中继或者信号重放的方式，窃取用户无线钥匙信号，并发送给智能汽车，进而欺骗车辆开锁。例如，新西兰奥克兰市发生过攻击者通过使用黑客工具截取车主钥匙信号，盗窃车辆的案例。二是寻找电子钥匙解决方案漏洞，进行攻击。例如，滚码芯片和算法曾爆出安全漏洞，对于满足特定条件的信号，汽车会永久判断成功并开锁。

1.4.2 车载智能终端安全威胁分析

1. 移动 App 安全威胁

移动 App 及远程控制已经成为众多车企的选择，具备远程开启空调、门锁，远程启动车辆等功能，目前通用汽车公司、比亚迪股份有限公司等汽车厂商均已有相关产品。车联网 App 因其广泛应用及易于获取等特点成为黑客攻击的热点，尤其是 Android 及 iOS 应用逆向技术的成熟，越来越多的攻击者选择通过调试或者反编译应用来获取通信密钥、分析通信协议，并结合车联网远程控制功能伪造控制指令干扰用户使用，如进行远程锁定、开启天窗等操作。

2. 移动智能终端系统安全威胁

移动智能终端是车联网的重要组成之一，其对车联网安全的威胁体现在两方面：一是移动智能终端时常接入车内 Wi-Fi 局域网，可作为攻击智能网联汽车的跳板。目前移动智能终端无论是 Android 还是 iOS，两者都存在被攻击植入恶意代码的风险。在连接车内热点的情况下，可作为跳板进一步对 IVI 和车载操作系统进行攻击，渗透到智能网联汽车内部，威胁汽车行驶安全。二是移动智能终端可能存有客户敏感数据，被攻击后存在泄露风险，如车联网服务平台账户、密码、认证凭证等信息，攻击者若控制移动智能终端，可进一步获取账户密码，登录服务平台，影响汽车安全。

1.4.3　车联网服务平台安全威胁分析

1. 车联网云平台安全威胁

车联网服务平台一般基于云计算技术，也容易将云计算本身的安全问题引入平台中，主要包括如下几方面安全威胁：平台层面存在传统的操作系统漏洞威胁及虚拟资源调度问题；应用层面，服务平台同样面临结构化查询语言（structured query language，SQL）注入、跨站脚本安全攻击；访问控制方面，服务平台面临用户鉴权、账户口令安全等问题；此外，服务平台还面临拒绝服务攻击等其他网络安全风险。

2. 车联网管理平台安全威胁

车联网管理平台负责车辆控制和敏感数据的传输，操作权限较高，与车辆通信应基于互信原则。在基于公共网络通信的条件下，需通过较强的访问控制策略来实现通信互信，确保仅有安全可信的用户才能访问管理平台，但目前较多管理平台实现的访问控制策略偏弱，仅通过车机编码或固定凭证的方式进行认证，无法满足较强的访问控制需求，使得攻击者仍能通过伪造凭证的方式访问车联网管理平台，并进行网络攻击。

1.4.4 车联网通信安全威胁分析

1. 通信协议安全威胁

车-云通信在车联网安全中占据重要地位，成为车联网攻击的主要方式，面临的主要威胁是中间人等攻击。攻击者通过伪基站、域名系统（domain name system，DNS）劫持等手段劫持 T-BOX 会话，监听通信数据，一方面可以用于通信协议破解，另一方面可窃取汽车敏感数据，如车辆识别码（vehicle identification number，VIN）、用户账户信息等。此外，在破解协议基础上，结合会话劫持，攻击者可以基于中间人伪造协议而实施对汽车动力系统的非法控制。

2. 网络节点安全威胁

在未来车联网应用场景中，直连模式的车-车通信将成为路况信息传递、路障报警的重要途径。车联网中网联汽车面临节点频繁接入与退出，现阶段 LTE-V2X 网络接入与退出管理中，不能有效地实施对车辆节点的安全接入控制，对不可信或失控节点的隔离与惩罚机制还未建立完善，LTE-V2X 可信网络环境的安全隐患突出。一旦存在恶意节点入侵，可通过阻断、伪造、篡改车-车通信或者通过重放攻击影响车-车通信信息的真实性，影响路况信息的传递。

3. 网络连接安全威胁

伴随多种无线通信技术和接口的广泛应用，车辆节点需要部署多个无线接口，实现 Wi-Fi、蓝牙、802.11p、LTE-V2X 等多种网络的连接。短距离通信中的协议破解及认证机制的破解已成为当前的主要威胁。通过实现 Wi-Fi、蓝牙等认证口令破解，攻击者可以通过 Wi-Fi 或蓝牙接入汽车内部网络，获取汽车内部数据信息或者进行渗透攻击。

1.4.5 车联网数据安全和隐私泄露安全威胁分析

车联网中的数据来源于用户、ECU、传感器、IVI 及操作系统、第三方应用及车联网服务平台等，种类包括用户身份信息、汽车运行状态、用户驾驶习惯、地理位置信息、用户关注内容等敏感信息，在车辆保险、用户行为分析等方面具备很大的价值，这将是未来车联网安全的重点，主要面临如下安全风险。

1. 数据安全威胁

目前，车联网相关数据主要存储在智能网联汽车和车联网服务平台上，存储和传输方案主要由整车厂商、车联网服务商设计实现。由于数据的采集、传输、存储等环节没有统一的安全要求，可能因访问控制不严、数据存储不当等原因导致数据被窃。如汽车端数据可能被 OBD 外接设备非法读取、IVI 数据可能被第三方应用越界读取、网络传输数据可能被攻击者嗅探或遭受中间人攻击、车联网服务平台端数据可能被非法和越权访问。数据被窃通常与业务设计、技术实现有关，这将是车联网安全防护的重要内容。

2. 个人隐私泄露安全威胁

车联网信息服务所采集的如车主身份信息（如姓名、身份证号、电话）、车辆静态信息（如车牌号、车辆识别码）、车辆动态信息（如位置信息、行驶轨迹）和用户的驾驶习惯等，都属于用户个人隐私信息。目前由整车厂商、车联网服务平台商采集和利用。根据我国个人信息保护原则，个人信息的搜集需遵循知情同意、最小必要和目的限定三大原则，但由于车联网属于新兴行业，管理还在完善中，对于哪些数据可被采集、数据如何利用、是否可以分享给第三方等关键问题，还需要细化管理要求，因此目前数据采集和使用还存在侵犯用户隐私的风险。

3. 数据跨境流动安全威胁

车联网数据包含道路、地理等信息，涉及国家安全，应加强管理。目前车联网数据汇总于车联网服务平台，存在云平台数据跨境流动管理问题，主要体现在两方面：一是存在境外车联网服务商跨界服务隐患。我国部分汽车属于境外进口汽车，其网络服务及后台服务可能由境外通信企业和整车企业提供，通信数据及车联网数据传往境外，可能泄露国家地理位置信息，危害国家安全。二是存在境内外云平台数据共享隐患。我国整车厂大多为合资企业，车联网服务以境内云平台为主，但其外资公司通常负责全球车联网运营，境内平台与境外平台是否互联，是否存在数据传输共享，是国家数据管理需要关注的重点内容。

此外，随着新能源汽车的应用，以充电桩为代表的车联网外部设备也存在数据窃取、篡改、非法访问等风险，鉴于其属于外部设备，此处未将其纳入分析。

1.5　车联网认证研究现状

目前国内外学者主要在身份认证、属性认证及消息认证等方面对车联网认证进行了大量的研究。本节将对身份认证和消息认证的研究现状做详细的介绍。

1.5.1　身份认证

近年来国内外学者针对如何对车辆节点身份合法性进行认证进行了大量研究。现有身份认证的研究成果主要包括基于嵌入式安全模块的身份认证和基于加密机制的身份认证[5]。前者把车辆节点作为移动终端，并在移动终端上集成安全模块构建可信架构辅助完成认证。目前的车载安全模块主要包括可信平台模块[6]和防篡改装置（tamper-proof device，TPD）[7]，其优点是将安全算法、专业的密码安全引擎等基础安全能力组件化，用硬件确保方案的安全性和认证效率。但是不同厂家构建安全模块的标准不一，安全性难以统一。后者则是验证移动终端是否掌握正确的密钥或口令，对硬件要求低，但是其构造过程往往需要数学难题来确保方案的安全性，因此需要较高的计算开销。

2014 年，Chuang 和 Lee[8]提出了一种车联网信任扩展认证机制。该机制的身份认证是基于嵌入式安全模块的移动终端，每辆车的车载单元都配备了防篡改装置，攻击者不能从中提取任何存储的数据。在该方案中，车辆分为执法车辆、不可信车辆和可信车辆三种类型。不可信车辆通过执法车辆的认证后则可以变成可信车辆。该认证方案的过程只使用了异或和 Hash 函数，具有较高的认证效率，但是认证过程中存在消息的连接性，并且在安全通信过程中可信车辆间生成的会话密钥能够被其他可信车辆通过拦截网络中传输的消息计算得出，同时车辆在通信过程中的身份匿名也无法保证。2016 年，Kumari 等[9]对 Chuang 和 Lee[8]的方案进行了改进，提出一种安全性更高的认证方案。该方案用时间戳替换认证过程中的随机数以抵抗重放攻击。但是，Chuang 和 Lee[8]的方案中存在的其他安全问题，该方案仍然没有解决。

Wazid 等[10]在 2017 年提出了一种轻量级的车联网认证及密钥协商方案。该方案对车辆和车辆之间与车辆和路边单元分别提出了不同的认证方案，都是基于嵌入式安全模块的移动终端辅助完成认证功能。在注册阶段，认证中心把密钥通过安全渠道发送给车辆和路边基础设施，存储在安全设备中，其防篡改装置确保密钥的安全性。然后车辆和车辆与车辆和路边基础设施可以通过密钥完成相互认证。该方案实现了认证过程中对第三方是匿名的，同时实现了认证的高效性。但是，该方案要求所有车辆都拥有相同的密钥，因此方案的安全性完全取决于防篡改装置的不可探测性。然而，攻击者通过侧信道攻击仍然能收集到一些有用的信息[11]。

Song 等[12]提出了一个轻量级且无证书的认证及密钥协商方案。该方案依赖于路侧单元（road side unit，RSU），基于可计算的 Diffie-Hellman 难题实现车辆和车辆之间的认证与密钥协商。Wang 等[13]提出了一个基于认证公钥的认证及密钥协商方案，该方案利用可信中心的公钥保护用户的身份，实现了车辆和服务提供商之间的匿名认证与密钥协商。Huang 等[14]针对车联网中的增值服务，提出了一种匿名的批认证及密钥协商方案，该方案实现了服务提供商对车辆的批量认证，同时协商一个共享密钥。但是 Wang 和 Zhang[15]指出 Huang 等[14]提出的批认证及密钥协商方案不能抵抗合谋攻击，并提出了一个改进的匿名批认证及密钥协商方案。此外还有很多适用于不同应用场景关于身份认证的研究，如文献[16]～[18]。

虽然现有的这些关于身份认证的研究成果具有重要的参考价值，但是为了保证安全性，往往设计的方案复杂度偏高或者对安全模块的假设性太强。因此仍然需要从保障安全、降低计算量、优化通信负载、减少交互流程和硬件设备是否符合实际应用等方面综合考虑，提出更加安全和高效的车联网身份认证方案。

1.5.2　消息认证

现有消息认证的研究成果中主要包括基于身份公钥密码的消息认证、基于匿名证书的消息认证和基于群签名的消息认证。

1984 年，Shamir[19]首次提出了基于身份的加密和签名方案，该方案使用姓名、电话等身份信息作为用户的公钥，私钥则由可信中心根据用户的身份信息生成并分发给用户。因为该方案在验证过程需要使用发送方的身份信息验证其广播的消息签名，所以不能保护用户的身份隐私。Raya 和 Hubaux[20]在 2007 年提出了一种基于公钥的匿名认证方案，该方案中车辆需要预存大量的公私钥对和对应的公钥证书，每对公私钥对都有较短的生存周期。当消息发送方想要广播交通相关消息时，从预先存储的有效公私钥对中随机选择一对进行消息签名，消息接收方使用对应的公钥证书即可验证消息的正确性。虽然该方案实现了消息的匿名认证，保护了用户的身份，但是车辆需要消耗大量的存储空间来预存公私钥对和公钥证书。另外，为了实现身份追踪，可信中心也需要存储所有车辆的公钥证书。因此，该方案的车辆管理和系统运行需要消耗大量的存储与计算资源。

Zhang 等[21, 22]提出一种基于身份的车联网认证方案。该方案把可信中心的私钥存储在 TPD 中，当消息发送方想要广播消息时，TPD 为用户生成假名和对应的私钥对相关交通信息进行签名并广播，消息接收方利用消息中的假名即可进行验证，实现了身份隐私保护。但是可信中心在发生交通事故等特殊情况时，可以利用自己的私钥计算出消息发送方的真实身份，实现了身份可追踪特性。同时该方案为车载单元和路边单元提供了批验证方案，可以对同时收到的多条消息进行批验证，提高了消息的认证效率，但是该方案的安全性完全依赖于 TPD 的不可探测性。

然而，Lee 和 Lai[23]在 2013 年指出 Zhang 等[21]的方案不满足不可否认性和抵抗重放攻击。因为攻击者可以将网络中传播的通信消息拦截并存储下来，然后一段时间后散布在网络中欺骗其他车辆。同时，攻击者也可以通过在网络中广播虚假消息来欺骗其他车辆，而在可信中心追踪时否认其发送了该消息。并且 Lee 和 Lai[23]在 Zhang 等[21]的方案的基础上提出一种安全的批验证方案，并加入时间戳来抵抗重放攻击。

2015 年，Horng 等[24]指出了 Lee 和 Lai[23]的方案仍然存在一些安全漏洞。首先，该方案不满足隐私保护的需求，因为消息发送者的真实身份可以被其他任何车辆利用基础设施和车载单元的公共参数计算得到。其次，该方案不满足不可伪造性和不可否认性，因为攻击者可以假冒某一合法车辆向网络中广播消息，并且可信中心无法追踪到攻击者的身份[25]。于是 Horng 等[24]提出了一种改进的基于身份的批认证方案，实现了隐私保护、不可否认和可追踪等安全特性，并且提升了方案的认证效率。最近 He 等[26]也在 Lee 和 Lai[23]的方案的基础上提出了自己的改进方案，但是该方案的签名和验证过程比较复杂，需要消耗大量的计算开销，并且方案的安全性仍然完全依赖于 TPD。

Zhang 等[27]在 2017 年提出了一种分布式聚合隐私保护认证方案。该方案中，车辆经由 RSU 向认证中心获取成员密钥，只有认证成功获得成员密钥才可以签发消息。该方案的认证密钥由两部分值组成，并且这两部分值的乘积等于认证中心的私钥。在每次签发消息后，车载单元通过实时自动地更新签名密钥实现了隐私保护。为了实现追踪，每条签名消息都附带着发送方的假名，同时实时与认证中心进行交互更新假名，并且假名都必须存储在认证中心的成员列表中。虽然该方案通过实时更新密钥和假名保护了用户的身份隐私，但是认证中心的存储和计算代价都比较高。

Lin 等[28]在 2008 年提出了一种基于匿名证书的认证方案。该方案中匿名证书一旦使用就被丢弃，因此该方案通过短生命周期的匿名证书实现了消息认证和用户的隐私保护。同时可信中心通过提前分配一个独特的电子身份给车辆，实现了身份可追踪特性。虽然该方案有效地解决了安全认证与隐私保护问题，但是车联网系统庞大，车辆不仅多而且移动速度快，车辆间的交互也十分频繁，因此匿名证书的生成和管理需要的计算与存储开销太大，并且此类方案的消息签名和验证过程的计算复杂度也偏高。

1991 年，Chaum 和 Heyst[29]首次提出了群签名的概念，在群签名中，若群内成员对消息进行签名，同一群内的成员可以对消息进行验证，但是验证时只能够验证签名的正确性和是否由群内成员所生成，除了群管理员都无法确定签名者的具体身份，这是群内的匿名性[30]。这种匿名性可以很好地保证群内成员的真实身份，实现了身份隐私保护。如果出现交通事故等特殊情况，群管理员也可以追踪签名者的真实身份，使其无法否认签名。因此，在车联网中应用群签名来进行消息认证和隐私保护是一种有效的方法。

2007 年，Sampigethaya 等[31]提出了一种保护车辆位置隐私的认证方案。在该方案中，车辆可以动态地形成群组，并且每个群组都有一个群管理员和群密钥[32]。群组内部成员可以使用群密钥进行消息认证，群组和群组或者群组 RSU 通信时，群管理员就作为代理，为群内成员转发消息。该方案保护了车辆的位置隐私，但是群管理员需要消耗大量的通信资源和计算资源。

Zhang 等[33]提出了一种车辆安全通信认证方案，该方案利用 RSU 来维持和管理其通信范围内的车辆。当车辆进入 RSU 的管理范围后，从 RSU 获得一个群成员密钥，利用群成员密钥发送签名消息能够被同一群组内的其他车辆验证。由于道路上有大量的 RSU 来维持整个系统，因此，大量的车辆加入车联网时并不会显著地降低系统的性能。Shao 等[34]提出了一个门限匿名认证方案，该方案也是利用 RSU 管理其通信范围内的车辆。当车辆进入 RSU 的管理范围后，从 RSU 处获得群证书，然后利用群证书签名消息。在该方案中，只有当车辆接收到来自不同签名者的同一消息的有效签名达到门限值时，才接受消息，以此实现了门限认证，同时通过签名时随机化群证书实现了匿名认证。

Malina 等[35]提出了一种车联网中保护隐私且高效的群签名方案，旨在将拒绝服务攻击和重放攻击等常见攻击对隐私保护方案的性能影响降到最低。该方案由于具有短期可连接性和分类批验证等特点，因此实现了安全通信、隐私保护及验证高效等特性。此外还有很多关于消息认证的研究，如文献[36]～[41]。

总体而言，现有的消息认证方案在计算消息签名时大多只考虑降低计算复杂度以提高认证效率，而对用户的一些重要需求，如身份隐私和位置隐私等问题缺乏考虑。如果考虑隐私保护，认证过程则会相对复杂，也会加大车载单元和路边基础设施的计算与存储压力。因此，对于消息认证方案中效率与隐私关系间的权衡问题，还需进一步研究。

参 考 文 献

[1] 《车联网白皮书（2018）》中国信息通信研究院[EB/OL]. http://www.caict.ac.cn/kxyj/qwfb/bps/201812/t20181218_190858.htm[2020-03-05].

[2] 汤立波. 车联网产业发展分析[J]. 中兴通讯技术，2020，26（1）：56-59.

[3] 李静林，刘志晗，杨放春. 车联网体系结构及其关键技术[J]. 北京邮电大学学报，2014，37（6）：95-100.

[4] 李兴华，钟成，陈颖，等. 车联网安全综述[J]. 信息安全学报，2019，4（3）：17-33.

[5] 和福建，田晓笛，王长园. 车联网发展现状及趋势研究[J]. 中国汽车，2019（4）：55-58.

[6] Suresh J S，Jongkun L. A TPM-based architecture to secure VANET[J]. Indian Journal of Science and Technology，2015，8（15）：215-234.

[7] Liu Z C，Xiong L，Peng T，et al. A realistic distributed conditional privacy-preserving authentication scheme for vehicular ad hoc networks[J]. IEEE Access，2018，6（99）：26307-26317.

[8] Chuang M C，Lee J F. TEAM：Trust-extended authentication mechanism for vehicular ad hoc networks[J]. IEEE Systems Journal，2014，8（3）：749-758.

[9] Kumari S，Karuppiah M，Li X，et al. An enhanced and secure trust-extended authentication mechanism for vehicular ad-hoc networks[J]. Security and Communication Networks，2016，9（17）：4255-4271.

[10] Wazid M，Das A K，Kumar N，et al. Design of lightweight authentication and key agreement protocol for vehicular ad hoc networks[J]. IEEE Access，2017（5）：14966-14980.

[11] Kiltz E，Pietrzak K. Leakage resilient elgamal encryption[C]. Advances in Cryptology-Asiacrypt-International Conference on the Theory and Application of Cryptology and Information Security，Berlin，2010：595-612.

[12] Song J，He C，Zhang L，et al. Toward an RSU-unavailable lightweight certificateless key agreement scheme for VANETs[J]. China Communications，2014，11（9）：93-103.

[13] Wang X，Huang Z，Wen Q，et al. An efficient anonymous batch authenticated and key agreement scheme using self-certified public keys in VANETs[C]. Tencon IEEE Region 10 Conference，Xi'an，2014：1-4.

[14] Huang J L，Yeh L Y，Chien H Y. ABAKA：An anonymous batch authenticated and key agreement scheme for value-added services in vehicular ad hoc networks[J]. IEEE Transactions on Vehicular Technology，2011，60（1）：248-262.

[15] Wang H，Zhang Y. On the security of an anonymous batch authenticated and key agreement scheme for value-added services in VANETs[J]. Procedia Engineering，2012，29（4）：1735-1739.

[16] Büttner C，Huss S A. A novel anonymous authenticated key agreement protocol for vehicular ad hoc networks[C]. International Conference on Information Systems Security and Privacy，Angers，2016：259-269.

[17] Islam S H，Obaidat M S，Vijayakumar P，et al. A robust and efficient password-based conditional privacy preserving authentication and group-key agreement protocol for VANETs[J]. Future Generation Computer Systems，2017，84：216-227.

[18] Büttner C，Bartels F，Huss S A. Real-world evaluation of an anonymous authenticated key agreement protocol for vehicular ad-hoc networks[C]. IEEE International Conference on Wireless and Mobile Computing，Abu Dhabi，2015：651-658.

[19] Shamir A. Identity-based cryptosystems and signature schemes[C]. Workshop on the Theory and Application of Cryptographic Techniques，Berlin，1984：47-53.

[20] Raya M，Hubaux J P. Securing vehicular ad hoc networks[J]. Journal of Computer Security，2007，15（1）：39-68.

[21] Zhang C，Lu R，Lin X，et al. An efficient identity-based batch verification scheme for vehicular sensor networks[C].

The 27th Conference on Computer Communications，Phoenix，2008：816-824.

[22] Zhang C，Ho P H，Tapolcai J. On batch verification with group testing for vehicular communications[J]. Wireless Networks，2011，17（8）：1851-1865.

[23] Lee C C，Lai Y M. Toward a secure batch verification with group testing for VANET[J]. Wireless Networks，2013，19（6）：1441-1449.

[24] Horng S J，Tzeng S F，Li T，et al. Enhancing security and privacy for identity-based batch verification scheme in VANETs[J]. IEEE Transactions on Vehicular Technology，2015，66（99）：3235-3248.

[25] 温靖宇. 车联网中匿名认证方案与安全协议的研究[D]. 合肥：安徽大学，2017.

[26] He D，Zeadally S，Xu B，et al. An efficient identity-based conditional privacy-preserving authentication scheme for vehicular ad hoc networks[J]. IEEE Transactions on Information Forensics and Security，2015，10（12）：2681-2691.

[27] Zhang L，Wu Q H，Domingo-Ferrer J. Distributed aggregate privacy-preserving authentication in VANETs[J]. IEEE Transactions on Intelligent Transportation Systems，2017，18（3）：516-526.

[28] Lin X，Lu R，Zhang C，et al. Security in vehicular ad hoc networks[J]. Communications Magazine IEEE，2008，46（4）：88-95.

[29] Chaum D，Heyst E V. Group signatures[C]. Eurocrypt，Amsterdam，1991：257-265.

[30] 张磊. 车载自组织网络安全认证与隐私保护的研究和实现[D]. 合肥：安徽大学，2016.

[31] Sampigethaya K，Li M，Huang L，et al. AMOEBA：Robust location privacy scheme for VANET[J]. IEEE Journal on Selected Areas in Communications，2007，25（8）：1569-1589.

[32] 李情情. 车联网环境下的群密钥管理研究[D]. 杭州：浙江工商大学，2014.

[33] Zhang L，Wu Q，Solanas A，et al. A scalable robust authentication protocol for secure vehicular communications[J]. IEEE Transactions on Vehicular Technology，2010，59（4）：1606-1617.

[34] Shao J，Lin X，Lu R，et al. A threshold anonymous authentication protocol for VANETs[J]. IEEE Transactions on Vehicular Technology，2016，65（3）：1711-1720.

[35] Malina L，Vives-Guasch A，Castellà-Roca J，et al. Efficient group signatures for privacy-preserving vehicular networks[J]. Telecommunication Systems，2015，58（4）：293-311.

[36] Chen L，Ng S L，Wang G. Threshold anonymous announcement in VANETs[J]. IEEE Journal on Selected Areas in Communications，2011，29（3）：605-615.

[37] Huang D，Misra S，Verma M，et al. PACP：An efficient pseudonymous authentication-based conditional privacy protocol for VANETs[J]. IEEE Transactions on Intelligent Transportation Systems，2011，12（3）：736-746.

[38] Shao J，Lu R，Lin X，et al. New threshold anonymous authentication for VANETs[C]. IEEE/CIC International Conference on Communications in China，Shenzhen，2015：1-6.

[39] Lu R，Lin X，Liang X，et al. A dynamic privacy-preserving key management scheme for location-based services in VANETs[J]. IEEE Transactions on Intelligent Transportation Systems，2012，13（1）：127-139.

[40] Zhang L，Wu Q，Solanas A，et al. A scalable robust authentication protocol for secure vehicular communications[J]. IEEE Transactions on Vehicular Technology，2010，59（4）：1606-1617.

[41] Li J，Lu H，Guizani M. ACPN：A novel authentication framework with conditional privacy-preservation and non-repudiation for VANETs[J]. IEEE Transactions on Parallel and Distributed Systems，2015，26（4）：938-948.

第 2 章　认证协议与算法安全证明基础

2.1　数 学 基 础

定义 2.1（群）　群由一个非空集合G组成，G是定义了一个二元运算的集合，这个二元运算可以用符号$\cdot$表示，G中每一个序偶(a,b)通过运算生成G中的元素$(a\cdot b)$，并满足以下四个属性。

（1）封闭性：对任意的a、$b\in G$，均有$a\cdot b\in G$。

（2）结合律：对任意的a、b、$c\in G$，均有$a\cdot b\cdot c=(a\cdot b)\cdot c=a\cdot(b\cdot c)$。

（3）单位元：存在一个元素$e\in G$，对于G中的任意元素a，均有$a\cdot e=e\cdot a=a$，则这个G中存在的元素e就称为单位元。

（4）逆元：对任意的$a\in G$，都存在一个元素$a^{-1}\in G$使得$a\cdot a^{-1}=a^{-1}\cdot a=e$，其中$e$为上述单位元，则这个$G$中存在的元素$a^{-1}$就称为逆元。

群一般具有以下三个性质。

（1）群中的单位元是唯一的。

（2）群中每一个元素的逆元是唯一的。

（3）（消去律）对任意的a、b、$c\in G$，如果$a\cdot b=a\cdot c$，则$b=c$；同样，如果$b\cdot a=c\cdot a$，则$b=c$。

定义 2.2（域）　域由一个非空集合F组成，F是两个二元运算的集合，这两个二元运算分别为加法和乘法，分别以符号$+$和$\cdot$表示，并满足以下属性。

（1）域F关于加法是一个交换群；其单位元为 0，对于任意$a\in F$，其逆元为$-a$。

（2）域F关于乘法是一个交换群；其单位元为 1，对于任意$a\in F$，其逆元为a^{-1}。

（3）（分配律）对于任意的a、b、$c\in F$，均有$a\cdot(b+c)=(b+c)\cdot a=a\cdot b+a\cdot c$。

（4）（无零因子）对于任意的a、$b\in F$，如果$a\cdot b=0$，那么$a=0$或$b=0$。

如果域F只包含有限个元素，那么这个域F就称为有限域。有限域中元素的个数就是有限域的阶，每个有限域的阶必须为素数的幂，即设一个素数p和一个正整数n，有限域表示为$\mathrm{GF}(p^n)$，有限域在密码学中有极其广泛的应用。

在本书的方案中并没有使用双线性映射操作，但在本书对比的方案中大多数都使用了此操作，因此在此对双线性映射做简单的介绍。

定义 2.3（双线性映射）　设 G_1 为一个加法循环群，G_2 为一个乘法循环群，G_1 和 G_2 具有相同的大素数阶 q。若 $e: G_1 \times G_1 \to G_2$ 是一个双线性映射，则它满足以下属性。

（1）双线性：对于所有 P，$Q \in G_1$、a，$b \in Z_q^*$，均有 $e(aP,bQ) = e(P,Q)^{ab}$。

（2）非退化性：存在 P，$Q \in G_1$，使得 $e(P,Q) \neq 1$。

（3）可计算性：对于所有 P，$Q \in G_1$，存在有效算法可以计算出 $e(P,Q)$。

2.2　格密码基础

定义 2.4　格：给出 n 个线性无关的向量 $(b_1,b_2,\cdots,b_n \in \mathbb{R}^m)$，它生成的格定义如下：

$$\mathcal{L}(b_1,b_2,\cdots,b_n) = \sum x_i b_i \mid x_i \in \mathbb{Z} \tag{2.1}$$

m、n 分别为格的维数和秩；$(b_1,b_2,\cdots,b_n)$ 为格的一组基。

如果我们定义 B 为 $m \times n$ 矩阵，它的列向量为 $(b_1,b_2,\cdots,b_n)^{\mathrm{T}}$，则矩阵 B 生成的格为

$$\mathcal{L}(B) = \sum Bx \mid x_i \in \mathbb{Z}^n \tag{2.2}$$

式中，Bx 表示普通的矩阵乘法。格是 $\mathbb{R}^m$ 上的离散加法子群，对加法封闭，并且点与点之间存在空间，具有周期性。

（1）向量和格的距离：对于秩为 n 的格 $\mathcal{L}$ 和一个向量 $\upsilon \in \mathbb{R}^n$，则向量 υ 到格 $\mathcal{L}$ 的距离定义为 $\mathrm{dist}(\upsilon_0,\mathcal{L}) = \min\limits_{x\in\mathcal{L}} \| x-\upsilon \|$。

（2）连续极小值：给定一个秩为 n 的格 $\mathcal{L}$，对于 $i \in \{1,\cdots,n\}$，定义连续极小值为

$$\lambda_i(\mathcal{L})\inf = \{r \mid \dim(\mathrm{span}[\mathcal{L} \cap \bar{B}(0,r)]) \geqslant i\} \tag{2.3}$$

式中，$\bar{B}(0,r) = \{x \in \mathbb{R}^m \mid \| x \| \leqslant r\}$ 是半径在 0 附近的封闭球。

定义 2.5　最短向量问题（shortest vector problem，SVP）。

（1）近似最短向量问题 (SVP_γ)：给定一个秩为 n 的格 $\mathcal{L} = \mathcal{L}(B)$ 的格基 $B \in \mathbb{Z}^{m\times n}$，找到一个非零格向量 $\upsilon \in \mathcal{L}$，使得 $\| \upsilon \| \leqslant \gamma(n)\lambda_1(\mathcal{L})$。

（2）如果 $\gamma(n)=1$，此问题就是确切的最短向量问题 SVP。

（3）判定近似最短向量问题 (GapSVP_γ)：给定一个秩为 n 的格 $\mathcal{L} = \mathcal{L}(B)$ 的格基 $B \in \mathbb{Z}^{m\times n}$ 和一个大于零的整数 d，判断是否存在 $\lambda_1(\mathcal{L}) < d$ 或者 $\lambda_1(\mathcal{L}) \geqslant \gamma(n)d$。

定义 2.6　最近向量问题（closest vector problem，CVP）。

（1）最近向量问题 (CVP_γ)：给定一个秩为 n 的格 $\mathcal{L} = \mathcal{L}(B)$ 的格基 $B \in \mathbb{Z}^{m\times n}$ 和目标向量 υ_0，找到一个非零向量 $\upsilon \in \mathcal{L}$，使得范数 $\gamma(n) = \| \upsilon - \upsilon_0 \|$ 最小。

（2）如果 $\gamma(n)=1$，此问题就是确切的最近向量问题 CVP。

（3）判定近似最近向量问题 (GapCVP_{γ})：给定一个秩为 n 的格 $\mathcal{L}=\mathcal{L}(B)$ 的格基 $B\in\mathbb{Z}^{m\times n}$、一个目标向量 υ_0 和正实数 d，判定是否存在 $\mathrm{dis}(\upsilon_0,\mathcal{L})<d$ 或者 $\mathrm{dist}(\upsilon_0,\mathcal{L})\geqslant\gamma(n)d$。

SVP 需要找出格中的最短向量，CVP 是找到距离目标向量最近的格向量，两者可以相互转换，难度相同，并且目前还没有有效的算法可以解决这两个难题。

定义 2.7　高斯函数：n 维的高斯函数 $\rho_{s,c}:\mathbb{R}^n\to(0,1]$ 定义为 $\rho_{s,c}(x)=\exp\left(\frac{-\pi\|x-c\|^2}{s^2}\right)$，其中 s 是标准差，c 是中心点。

定义 2.8　离散高斯分布：对于格 $\mathcal{L}\subseteq\mathbb{R}^n$，$s>0$，$c\in\mathbb{R}^n$，$b\in\mathcal{L}$，我们定义格上的离散高斯分布为 $D_{\mathcal{L},s,c}(b)=\frac{\rho_{s,c}(b)}{\rho_{s,c}(\mathcal{L})}$。对于任意 $\mathcal{M}\subseteq\mathcal{L}$，我们可以扩展定义为 $D_{\mathcal{M},s,c}(b)=\frac{\rho_{s,c}(b)}{\rho_{s,c}(\mathcal{M})}$。

定义 2.9　环上的带误差学习（ring learning with error，RLWE）错误分布：令 $R=Z[X]/\Phi_n(X)$，给定一个 $Q[X]/\Theta_n(X)$ 上的分布 ψ，定义 R 上的分布 $\overline{\psi}$ 为通过计算 $e=e'\bmod\Phi_n(X)\in\mathbb{R}$ 获得的分布，其中 e' 是从 ψ 随机选取的值。并且当 n 为奇数时，多项式 $\Theta_n(X)=X^n-1$；当 n 为偶数时，多项式 $\Theta_n(X)=X^{\frac{n}{2}}+1$。

定义 2.10　RLWE：环上带误差学习的搜索问题是给出下面形式的独立样本 $(a_i,b_i=a_i\times s+e_i)\in R_q\times R_q$，用 $A_{s,\psi}$ 表示，找到一个均匀随机的秘密值 $s\in R_q$，其中 $a_i\in R_q$ 和 e_i 分别随机地从 R_q 和误差分布 $\overline{\psi}$ 中取样得出。RLWE 的判定问题是将上述的样本与从 $R_q\times R_q$ 上随机选择的样本进行区分。

定义 2.11　变体 RLWE：设 $R_q^{\times}$ 为 R_q 中所有可逆元素的集合，定义 $A_{s,\psi}^{\times}$ 为通过取样 $(a,a\times s+e)$ 得到的分布，其中 $(a,e)\overset{\text{Random}}{\leftarrow}(R_q^{\times}\times\psi)$。当使用 $A_{s,\psi}^{\times}$ 和 $(R_q^{\times}\times R_q)$ 替换 $A_{s,\psi}$ 和 $(R_q\times R_q)$ 时我们就得到了 RLWE 的一个变体，使用 $\mathrm{RLWE}^{\times}$ 表示。当 $q=\Omega(n)$ 时，R_q 中的可逆元素占据不可忽略的比例，因此 $\mathrm{RLWE}^{\times}$ 仍然是困难的。此外，当 $A_{s,\psi}^{\times}$ 中的随机数 s 同样从错误分布 ψ 中随机选取时并不会导致任何安全性的降低。我们使用 $\mathrm{RLWE}_{\mathrm{HNF}}^{\times}$ 来代表 $\mathrm{RLWE}^{\times}$ 的变体。

定义 2.12　多项式环：一个系数在环 R 上的关于 x 的多项式具有以下形式，$a_0+a_1x+a_2x^2+\cdots+a_{N-1}x^{N-1}$，其中 $a_i\in R$。这些多项式的集合构成的环称为多项式环，记作 $R[x]$，下面我们把用到的多项式环简记为 R。

NTRU（number theory research unit）算法使用三个整数 (N,p,q) 和维度为 $N-1$ 的四个整系数多项式集合 $\mathcal{L}_f$、$\mathcal{L}_g$、$\mathcal{L}_r$、$\mathcal{L}_m$，设置 $q>p$ 且 $\gcd(p,q)=1$，其中 p 和

q 不要求是素数。定义环 $R = Z[X]/(X^N - 1)$，$\cdot$ 为多项式环上的乘法运算，若 $f = \sum_{i=0}^{N-1} f_i x^i = [f_0, f_1, \cdots, f_{N-1}] \in R$、$g \in R$，并且 $f \cdot g = h$，则

$$h_k = \sum_{i=0}^{k} f_i g_{k-i} + \sum_{i=k+1}^{N-1} f_i g_{n+k-i} = \sum_{i+j \equiv k \bmod n} f_i g_j \tag{2.4}$$

定义 2.13　截尾多项式环：由式（2.4）定义卷积运算和普通多项式环中的加法运算构成的系统 $(R, +, \odot)$ 称为截尾多项式环。NTRU 中用到的多项式环为截尾多项式环，记为 R，并且令 R_q 是模 q 的截尾多项式环。

2.2.1　NTRU 算法

著名的公钥系统 NTRU 算法是由霍夫斯泰因（Hoffstein）、皮弗（Pipher）和西尔费曼（Silverman）提出和改进的，NTRU 加密方案 NTRUEncrypt 是已知的最快的基于格的密码系统之一，由于它具有抵抗量子计算机攻击的潜力，被认为是 RSA[①]和误差校正码（error correcting code，ECC）的替代品。NTRUEncrypt 的基本问题被用于设计各种密码基元，包括数字签名、基于身份的加密和多线性映射。破解 NTRU 可以转化为解决 NTRU 格上的难题。大量针对 NTRU 及其变体的安全评估表明，NTRU 在实践中仍然是安全的。本节我们将从密钥生成算法、加密算法、解密算法和参数选择四个方面介绍 NTRU 算法。

1. 密钥生成算法

通信双方为 Bob 和 Alice，为了生成 NTRU 协议密钥，Bob 随机选取两个多项式 $f \in \mathcal{L}_f$，$g \in \mathcal{L}_g$，并且多项式 f 需要满足在模 q 和模 p 时均可逆，我们分别用 f_q^{-1} 和 f_p^{-1} 表示。使用欧几里得算法可以很容易地计算出多项式的逆：

$$f_q^{-1} \cdot f \equiv 1 \bmod q \tag{2.5}$$

$$f_p^{-1} \cdot f \equiv 1 \bmod p \tag{2.6}$$

然后 Bob 计算公钥 $h \equiv p f_q^{-1} \cdot g \bmod q$，其私钥对为 (f, f_p^{-1})。

2. 加密算法

Alice 选择明文消息 $m \in \mathcal{L}_m$，随机选择多项式 $r \in \mathcal{L}_r$，然后计算并发送 $e \equiv r \cdot h +$

① RSA 算法是由李维斯特（Rivest）、萨莫尔（Shamir）、阿德曼（Adleman）三人提出的，以三人姓氏开头字母拼在一起组成的。

$m \bmod q$ 给 Bob。为了加强协议的实用性和安全性，抵抗多重传输攻击，可以采用加密安全增强变式，虽然增加了消息量，但是安全性和扩展性得到了很大提升。

3. 解密算法

Bob 使用自己的私钥 f 解密从 Alice 收到的加密消息 e，Bob 首先计算中间多项式：

$$\begin{aligned} a &= f \cdot e \bmod q \\ &= f \cdot r \cdot h + f \cdot m \bmod q \\ &= pr \cdot g + f \cdot m \bmod q \end{aligned} \tag{2.7}$$

通过选择合适的参数，多项式 a 的系数在区间 $\left[-\frac{q}{2}, \frac{q}{2}\right]$ 上，然后将 a 进行模 p 运算，最后用私钥 f_p^{-1} 乘上 $a \bmod p$，最终恢复明文。

$$m = f_p^{-1} \cdot a \bmod p \tag{2.8}$$

为了减少解密时间，加快运算速度，可以设置 $f = 1 + pF$，其中 $F \in \mathcal{L}_f$，解密时直接将多项式 a 进行模 p 运算，即可解密出明文 m。

4. 参数选择

消息空间 $\mathcal{L}_m$ 由模 p 多项式组成，$m = m_0 + m_1 x + \cdots + m_{N-1} x^{N-1} \bmod p$

$$\mathcal{L}_m = \left\{ m \in R : m_i \subseteq \left[-\frac{p-1}{2}, \frac{p-1}{2} \right] \right\} \tag{2.9}$$

同样，描述其他样本空间，可以使用如下的方式：

$$\mathcal{L}_{(d_1,d_2)} = \{ f \in R : f\text{有}d_1\text{个系数为}1\text{，}\ d_2\text{个系数为}-1\text{，}\ \text{其余的是}0 \}$$

我们选择三个正整数 d_f、d_g、d_r，然后表示 f、g、r 的样本空间：$\mathcal{L}_f = \mathcal{L}(d_f, d_f - 1)$、$\mathcal{L}_g = \mathcal{L}(d_g, d_g)$、$\mathcal{L}_r = \mathcal{L}(d_r, d_r)$。为了使多项式 f 满足可逆的特性，需要多项式 f 的 -1 和 1 的系数个数不相同。从以上四个方面可以看出，NTRU 多项式的系数很多都是 -1 ～ 1 的整数，这保证了 NTRU 相比于其他公钥体制拥有更快的加解密速度。

假设　NTRUEncrypt 逆向问题：如上所述，给定 NTRUEncrypt 具体参数选择空间 $\mathcal{L}_f$、$\mathcal{L}_g$、$\mathcal{L}_r$、$\mathcal{L}_m$ 和 (N, p, q)，给定随机的公钥 h 和密文 $C = hr + M \in R_q$，其中 $r \in \mathcal{L}_r$，$M \in \mathcal{L}_m$，计算出消息 M 是困难的。

2.2.2 素数环上的 NTRU 算法

RLWE 是 LWE 的一个代数变体，由 Lyubashevsky、Peikert 和 Regev 提出，与 LWE 相比，RLWE 具有更好的紧凑性和效率，因此被用作新的密码应用的基础。Stehlé 和 Steinfeld[1]第一次提出了一个合并了 RLWE 的 NTRUEncrypt 变体，证明了在使用正确的参数集的情况下，NTRU 的安全性可以归约到 RLWE 难题，这为 NTRU 的安全性提供了渐近意义上的第一个坚实的理论基础。该方案一个显著的贡献是，当 n 为 2 的幂，从 $Z[X]/(X^n+1)$ 环中根据合适的条件和参数采样获得私钥 f、g 时，公钥 $h=f/g$ 在统计距离下接近于随机采样获得的参数。基于可证明安全的 NTRU 方案，实现了更有趣的加密体制，如全同态加密、代理重加密等。在大多数已知的基于环的密码系统中，形如 $Z[X]/(X^{2m}+1)$ 的环是首选。这种形式的环有一些很好的代数特征，并且已经获得了众多学者的验证和研究。然而，由于这种类型的环非常稀少，它对环的选择造成了限制。随后 Yu 等[2]在此基础上提出了一个素数环上的 NTRU 算法。NTRU 算法除了在参数选择上做了修改，把形如 $Z[X]/(X^{2m}+1)$ 的多项式换成形如 $Z[X]/(X^{n-1}+\cdots+X+1)$ 的多项式，其基本思想与 Stehlé 和 Steinfeld 所提算法完全相同，并且可证明其具有安全的特性。下面我们来介绍 NTRU 算法涉及的相关知识。

本节介绍素数环上的 NTRUEncrypt 的一个变体。此改进版 NTRUEncrypt 由参数 $\{n,q,p,r,\alpha,k\}$ 确定，我们用 NTRUEncrypt(n,q,p,r,α,k) 表示。首先，选择一个素数 $n\geqslant 7$，并且用 $Z[X]/\Phi_n(X)$ 表示多项式环 R。然后，选择一个素数 $q=1\bmod n$ 使得多项式 $\Phi_n(X)=\prod_{i=1}^{n-1}(X-\phi_i)\bmod q$ 有 n 个不同的线性因子，并且令 $R_q=R/(qR)$。参数 $p\in R_q^{\times}$ 选取范数较小的数，例如，$p=2,3$ 或者 $p=x+2$，参数 r 是用于密钥生成的离散高斯分布的宽度，参数 α 和 k 用于 RLWE 错误因子的生成。下面简单介绍 NTRUEncrypt(n,q,p,r,α,k) 算法。

1. 密钥生成算法

从离散高斯分布 $D_{\mathbb{Z}^{n-1},r}$ 中选择多项式 f'，如果 $f=pf'+1\bmod q\notin R_q^{\times}$，重新选择 f'。同样从离散高斯分布 $D_{\mathbb{Z}^{n-1},r}$ 中选择多项式 g，如果 $g\bmod q\notin R_q^{\times}$，重新选择。然后输出私钥 $\mathrm{sk}=f\in R_q^{\times}$ 和公钥 $\mathrm{pk}=h=pg/f\in R_q^{\times}$。密钥生成算法如图 2.1 所示。

定理 2.1　通过从离散高斯分布 $D_{\mathbb{Z}^{n-1},r}$ 中选择多项式 f'，计算 pg/f 得到的公钥分布在统计距离上与 $R_q^{\times}$ 上的均匀随机分布是不可区分的，其中

输入：$n,q \in \mathbb{Z}$，$p \in R_q^{\times}$，$r \in \mathbb{R}$
输出：密钥对(sk, pk)
1. 从离散高斯分布$D_{\mathbb{Z}^{n-1},r}$中选择多项式f'，计算$f = pf' + 1 \bmod q \notin R_q^{\times}$，重新选择。
2. 从离散高斯分布$D_{\mathbb{Z}^{n-1},r}$中选择多项式g，如果$g \bmod q \notin R_q^{\times}$，重新选择。
3. 输出私钥sk $= f \in R_q^{\times}$和公钥 pk $= h = pg/f \in R_q^{\times}$。

图 2.1　密钥生成算法

$$f = pf' + 1 \tag{2.10}$$

2. 加密

给定明文消息$M \in R/PR$，令$t = \sqrt{n}\alpha q\left(\dfrac{(n-1)k}{\ln[(n-1)k]}\right)^{1/4}$，随机选择$s,e \leftarrow \overline{\psi_t^n}$，计算密文

$$C = hs + pe + M \in R_q \tag{2.11}$$

3. 解密

给定密文C和私钥f，首先计算C'，然后计算M。

$$C' = f \cdot C \bmod q \tag{2.12}$$

$$M = C' \bmod p \tag{2.13}$$

4. 参数选择

为了获得一种改进的具有选择明文攻击下的不可区分性（indistinguishability under chosen plaintext attack）安全的NTRUEncrypt，我们将对参数进行如下的设置。

$\deg p = 0$，设置p为一个小整数，$p = 2,3$。

$q = \mathrm{poly}(n)$，$\epsilon \in \left(0,\dfrac{1}{2}\right)$，$q^{\frac{1}{2}-\epsilon} = \omega(n^{3.75}\ln^{1.5} n \| p \|^2)$，$r = n^2\sqrt{\ln(8nq)} \cdot q^{\frac{1}{2}+\epsilon}$

$$k = \mathcal{O}(1),\ \alpha q = \omega(\ln^{0.75} n),\ t = \sqrt{n}\alpha q\left(\frac{(n-1)k}{\ln[(n-1)k]}\right)^{1/4}$$

现在我们解释一下参数设置的原因，为了保证公钥的均匀分布，我们设置$r = n^2\sqrt{\ln(8nq)} \cdot q^{\frac{1}{2}+\epsilon}$，$\epsilon \in \left(0,\dfrac{1}{2}\right)$，$n \geqslant 8$且$q > 8n$。为了确保以比较高的概率解密成功，当$\deg p = 0$，即$p$为一个整数，我们设置$t = \sqrt{n}\alpha q\left(\dfrac{(n-1)k}{\ln[(n-1)k]}\right)^{1/4} > 1$且$\omega(n\ln^{0.5} n)\| p \|^2 rt/q < 1$。最后为了满足RLWE的条件，需要设置$\alpha q > \omega(\sqrt{\ln n})$。

定理 2.2　对于 NTRUEncrypt(n,q,p,r,α,k)，令 $n \geqslant 8$ 且为质数，$R = Z[X]/\Phi_n(X)$，q 为大于 $8n$ 的质数，$r = n^2\sqrt{\ln(8nq)} \cdot q^{\frac{1}{2}+\epsilon}$，$0 < \epsilon < \frac{1}{2}$，$t = \sqrt{n}\alpha q \cdot \left(\frac{(n-1)k}{\ln[(n-1)k]}\right)^{1/4} > 1$，$\alpha q > \omega(\sqrt{\ln n})$。如果 $\text{RLWE}_{\text{HNF}}^{\times}$ 问题是困难的，则 IND-CPA 敌手攻破 NTRUEncrypt(n,q,p,r,α,k) 的优势是可以忽略的。

2.3　可证明安全性

一般而言，可证明安全性是指这样一种归约方法：首先确定安全方案或协议的安全目标。例如，加密方案的安全目标是确保信息的机密性，签名方案的安全目标是确保签名的不可伪造性；然后根据敌手的能力构建一个形式的敌手模型，并且定义它对安全方案或协议的安全性意味着什么，极微本原（atomic primitives）是指安全方案或协议的最基本组成构件或模块，例如，某个基础密码算法或数学难题等的特定方案或协议，基于以上形式化的模型去分析它。归约论断是基本工具。最后指出（如果能成功），挫败方案或协议的唯一方法就是破译或解决极微本原。换言之，对协议的直接分析是不必要的，因为对协议的任何分析结果都是对极微本原的安全性的分析。实际上，可证明安全是在一定的敌手模型下证明了方案或协议能够达到特定的安全目标。因此，定义合适的安全目标、建立适当的敌手模型是我们讨论可证明安全性的前提条件。

可证明安全性理论本质上是一种公理化的研究方法，其最基础的假设或公理是好的极微本原存在。安全方案设计难题一般分为两类：一类是极微本原不可靠造成方案不安全（如用背包问题构造加密方案）；另一类是即使极微本原可靠，安全方案本身也不安全。后一种情况更为普遍，是可证明安全性理论的主要研究范围。可证明安全性理论也存在一定的局限性。首先，必须注意模型规划，即注意所建立的模型都涵盖了哪些攻击。显然，一些基于物理手段的攻击都不包含在内，但这并不意味着可证明安全性的方案就一定不能抵抗这类攻击，而是说未证明可以抵抗这类攻击。其次，即使应用具有可证明安全性的方案，也可能有多种方式破坏安全性。有时证明了安全性，但问题可能是错误的，也可能应用了错误的模型或者协议被错误操作，甚至软件本身可能有缺陷。另一个需要注意的问题是基础假设的选取。可证明安全性是以某一假设为基础的，因此一旦该假设靠不住，安全性证明也就没有意义了。

20 世纪 80 年代，Goldwasser 等[3]比较系统地阐述了可证明安全性这一思想，并给出了具有可证明安全性的加密和签名方案。然而，以上方案的可证明安全性是以严重牺牲效率为代价的，因此以上方案虽然在理论上具有重要意义，但不实用，这种情况严重制约了这一领域的发展。直到 20 世纪 90 年代中期出现了面向实际的可证明安全性（practice-oriented provable-security）的概念，特别是 Bellare 和 Rogaway[4]提出了著名的随机预言（random oracle，RO）模型方法论，才使得情况大为改观。过去仅作为纯理论研究的可证明安全性理论，迅速在实际应用领域取得了重大进展，一大批快捷有效的安全方案相继提出。同时还产生了另一个重要概念：具体安全性（concrete security or exact security），其意义在于，我们不再仅仅满足于安全性的渐近度量，而是可以确切地得到较准确的安全度量。面向实际的可证明安全性理论取得了巨大的成功，已被国际学术界和产业界广为接受；但 Canetti 等[5]对此持有异议，并坚持仍在标准模型（standard model）中考虑安全性。

Canetti 等[5]认为密码方案在 RO 模型中的安全性和通过 Hash 函数实现的安全性之间无必然的因果关系。具体说来，存在这样的实际签名方案和加密方案，它们在 RO 模型中是安全的，但任何具体实现都是不安全的。这实际上是提出了一个反例。不过 Canetti 等[6]也认为，应该明确 RO 模型方法论并不能作为实际方案安全的绝对证据，但该方法论仍是有意义的，如可以作为一种基本测试——任何实际方案通过这种安全测试是必要的，RO 模型方法论至少可以排除很多不安全的设计，虽然并非完备的。Canetti 等[5]则进一步指出，RO 模型方法论虽然存在以上缺点，但它可用于设计简单而有效的协议——可以抵抗许多未知攻击；更重要的是，其基本思想可以用来设计某些安全的理想系统。Pointcheval[7]则认为，目前还没有人能提出令人信服的关于 RO 模型实际合法性的反例。RO 模型已经被广为接受，并被认为是度量实际安全级别的一种很好的手段；即使并未提供一个正规的安全性证明（像标准模型那样），但在其安全性论断（Hash 函数没有弱点）下，RO 模型中的证明确保了整个方案的安全性。更确切些，RO 模型可视为对敌手能力的某种限制——敌手的攻击不考虑任何特殊 Hash 函数实例的一般攻击，而且如果假定存在某些防窜扰设备（如 Smart Cards），则 RO 模型等价于标准模型，这时只要求伪随机函数存在。最重要的是，仅就实现效率这一点，RO 模型中的可证明安全性的方案就远远优于那些能够提供标准安全性证明的方案，仅此一点就可以从实际应用中排除当前所有在标准模型中具有可证明安全性的方案。事实上，一些有代表性的、有效的标准解决方案，过于复杂且代价昂贵，归约的复杂性使得难以确定实际安全参数，其有效性也只是相对于过去的标准方案而言[8]。

但可以肯定的是，迄今为止，RO 模型方法论是可证明安全性理论最成功的实际应用，几乎所有国际安全标准体系都要求提供至少在 RO 模型中可证明安全性的设计，而当前可证明安全性的方案也大都基于 RO 模型。

假定各方共同拥有一个公开的随机预言机，就可以在密码理论和应用之间架起一座桥梁。具体办法是，当设计一个协议 P 时，首先在 RO 模型（可看成一个理想模拟环境）中证明 P^R 的正确性，然后在实际方案中用适当选择的函数 h 取代该 Oracle（潜在论断是理想模拟环境和现实环境在敌手看来是多项式时间计算不可区分的）。一般来说，这样设计出来的协议可以和当前协议的实现效率相当。

假设我们提出一个协议问题 Π（这个问题和函数 h 独立），要设计一个安全协议 P 解决该问题，可按如下步骤执行[9-12]。

（1）建立 Π 在 RO 模型中的形式定义，RO 模型中各方（包括敌手）共享随机 Oracle R。

（2）在 RO 模型中设计一个解决问题 Π 的有效协议 P。

（3）证明 P 满足 Π 的定义。

（4）在实际应用中用函数 h 取代 R。

严格说来，函数 h 不可能真的"像"随机函数：首先，其描述较短；其次，随机 Oracle 即 Hash 函数对每一个新的询问产生一个随机值作为回答（如两次相同的询问，回答仍相同），这也是和随机函数的一个微小区别。但这并未改变上述方法论的成功，因为只要求在敌手看来"像"随机函数。此外，函数 h 独立于 Π 也是至关重要的（否则可能不安全，可构造反例）。

一般来说，函数 h 至少要满足以下基本要求：设计上足够保守，能够抵抗各种已知攻击；不会暴露某些相关数学结构。选择函数 h 并不需要太麻烦，一个 Hash 函数就是函数 h 的一个很好的选择。RO 模型方法论也易于推广到基于对称密码本原的协议/方案研究，如 CBC-MAC（cipher block chaining-message authentication code），虽然没有 Hash 函数，但把一个恰当选择的分组密码视为随机函数。

2.4　安 全 模 型

定义 2.14（数字签名方案）　一个数字签名方案由以下 3 种算法组成。

（1）密钥生成算法 K 。对于输入 1^k，K 产生一对匹配值 (k_p,k_s) ，分别称为公钥和私钥，K 可以是概率算法。k 称为安全参数，密钥等因素的规模都依赖于 k 。

（2）签名算法 Σ 。给定消息 m 和 (k_p,k_s) ，Σ 产生签名 σ ，Σ 可以是概率算法。

（3）验证算法 V 。给定签名 σ 、消息 m 和公钥 k_p ， V 检验 σ 是否是 m 的对应于公钥 k_p 的合法签名，通常情况下， V 是确定性算法。

对于任一数字签名方案 (K,Σ,V) ，敌手 $\mathcal{A}$ 的模型如下所示。

敌手 $\mathcal{A}$ 的目标有以下 3 个：揭示签名者私钥（完全破译）；构造成功率高的伪签名算法（通用伪造）；提供一个新的消息-签名对（存在性伪造）。

存在性伪造一般并不危及安全，因为输出消息很可能无意义，但这样的方案本身不能确保签名方的身份，例如，既不能用来确认伪随机元素（如密钥），也不能用来支持非否认。

敌手 $\mathcal{A}$ 的两类攻击：未知消息攻击和已知消息攻击。后一种情况中最强的攻击是适应性选择消息攻击，即敌手 $\mathcal{A}$ 可以向签名方询问对任何消息的签名（当然不能询问欲伪造消息的签名，这是一类自明的约定），因而可能根据以前的答案适应性地修改随后的询问。

定义 2.15（数字签名方案在适应性选择消息攻击下的安全性） 对任一数字签名方案 (K,Σ,V)，如果敌手 $\mathcal{A}$ 的攻击成功概率

$$\text{Succ}_A = \Pr[(k_p,k_s) \leftarrow K(1^k),(m,\sigma) \leftarrow A^{\Sigma_{k_s}}(k_p):V(k_p,m,\sigma)=1]$$

是可忽略的，则称该方案能够抵抗适应性选择消息攻击。这里，敌手 $\mathcal{A}$ 可以获得签名 $\text{Oracle}^{\Sigma_{k_s}}$，实际上是一个“黑盒”，这模拟了上面所说的适应性选择消息询问，而且要求 (m,σ) 没有询问过 Σ_{k_s}。

定义 2.16（公钥加密方案） 一个公钥加密方案由以下 3 种算法组成。

（1）密钥生成算法 K。对于输入 1^k，K 产生一对匹配值 (k_p,k_s)，分别称为公钥和私钥，K 是概率算法。

（2）加密算法 E。给定消息 m 及公钥 k_p，E 产生 m 对应的密文 C。E 可以是概率算法，这时记为 $E(k_p,m;r)$，r 表示随机输入。

（3）解密算法 D。给定密文 C 及私钥 k_s，D 产生 C 对应的明文 m，一般是确定性算法。

一般而言，加密方案的安全目标是单向性（one-wayness，OW）的：在不知私钥的情况下，敌手 $\mathcal{A}$ 在概率空间 $M\times\Omega$ 上成功地对 E 求逆的概率是可忽略的（这里，M 是消息空间，Ω 是加密方案的随机掷硬币空间），即概率

$$\text{Succ}_A = \Pr[(k_p,k_s) \leftarrow K(1^k):A(k_p,E(k_p,m;r))=m]$$

是可忽略的。

定义 2.17（多项式安全/密文不可区分） 对任一公钥加密方案 (K,E,D)，如果满足 $\text{adv}_A = 2\times\Pr[(k_p,k_s)\leftarrow K(1^k),(m_0,m_1,s)\leftarrow A_1(k_p),c=E(k_p,m_b;r):A_2(m_0,m_1,s,c)=b]-1$ 是可忽略的，则称该方案是多项式安全的或密文不可区分的。这里，敌手 $\mathcal{A}=(A_1,A_2)$ 是一个 2 阶段攻击者（都是概率多项式时间（polynomial probability time，PPT）算法），概率取于 (b,r) 之上。

上述定义形式化了如下性质：敌手了解明文的某些信息（可任选一对消息，其中一个被加密），但它不能从密文得到除明文长度之外的任何信息。

敌手的几种攻击类型（相当于敌手拥有的 Oracle 数量及性质）。

（1）选择明文攻击（CPA），该攻击在公钥方案中显然是平凡的。

（2）明文校验攻击（plaintext check attack，PCA），敌手获得明文校验 Oracle，用于回答关于任一输入对 (m,c) 是否为对应明密对的询问。

（3）选择密文攻击（chosen ciphertext attack，CCA），除了获得加密 Oracle，敌手还获得解密 Oracle，即对于任何询问的密文（除了应答密文），Oracle 都给以相应的明文作为回答。这是最强的攻击（根据是否适应性选择密文，还可以细分为 CCA1 和 CCA2）。

定义 2.18（分叉引理[13]）　假设敌手 $\mathcal{A}$ 为概率多项式时间的图灵机，以公共数据作为其输入。如果敌手 $\mathcal{A}$ 可以以不可忽略的概率得到一个有效签名 (m,σ_1,h,σ_2)，那么通过再次运行该图灵机，但此次敌手 $\mathcal{A}$ 所带随机预言不同，则可以生成两个有效签名 (m,σ_1,h,σ_2) 和 $(m,\sigma_1,h',\sigma_2')$，并满足 $h\neq h'$。该图灵机可以完全控制敌手 $\mathcal{A}$ 并且将敌手 $\mathcal{A}$ 所访问的签名预言由模仿签名替换。

分叉引理是一个重要的工具，常用于证明在随机预言模型下的签名算法安全性。分叉引理由 Pointcheval 和 Stern 提出，并证明了如果一般签名体制是存在性可伪造的，且签名三元组 (r,h,s)（其中，r 为随机数，h 为与消息 m 和 r 相关的 Hash 函数值，s 是根据签名者的私钥、r 和 h 得到的）可以以不可区分的概率模拟生成，则利用谕示重置攻击（多次运行同一个攻击者而攻击者每次所带的随机谕示不同），可以获得同一个消息的两个合法签名 (m,r,h,s) 和 (m,r,h',s')，进而再利用三元组间的关系，解决某个数学难题。

定义 2.19（认证与密钥交换方案的语义安全性）　敌手 $\mathcal{A}$ 通过与协议中任何参与者实例 Π_U^i 执行一系列预言查询完成一次交互试验。在交互过程中，敌手 $\mathcal{A}$ 被赋予一定攻击协议认证过程的能力。通信信道完全由敌手 $\mathcal{A}$ 控制，即敌手 $\mathcal{A}$ 可以截获、阻断、注入、删除、修改任何经由公共信道传输的信息，相当于认证过程中所有消息都必须由敌手 $\mathcal{A}$ 传输。

敌手 $\mathcal{A}$ 与协议参与方 Π_U^i 交互过程由多项式时间次数的一系列随机预言查询构成，在随机预言查询过程中，赋予敌手模拟真实攻击协议的能力，包括被动攻击和主动攻击。敌手 $\mathcal{A}$ 可以适应性地发起下列查询。

Execute(Π_U^i)：本查询赋予敌手 $\mathcal{A}$ 被动攻击能力，模仿敌手的窃听攻击。执行本查询将输出所有诚实的协议参与方按照协议 P 交换的全部信息。

Send(Π_U^i,M)：本查询预言将模拟敌手 $\mathcal{A}$ 完全控制整个通信信息的主动攻击能力。敌手 $\mathcal{A}$ 可以向 Π_U^i 发送关于消息 M 的 Send 请求，Π_U^i 在收到消息后将按照协议 P 的规定进行计算，然后将计算结果返回给敌手 $\mathcal{A}$。

Reveal(Π_U^i)：本查询模拟已知密钥攻击。即如果为有效会话，将会返回与 Π_U^i 对端已计算过的会话密钥；否则，返回空值 NULL。

Corrupt(Π_U^i)：本预言查询模拟敌手 $\mathcal{A}$ 腐蚀协议参与者 Π_U^i。利用该查询，敌手 $\mathcal{A}$ 可以获得 Π_U^i 的私钥及真实身份。

Hash(M)：该预言模拟敌手 $\mathcal{A}$ 关于消息的 Hash 请求。为了能够正确回应敌手 $\mathcal{A}$ 的 Hash 预言请求，需要维护一个存储表 L_h。在接收到关于消息 M 的 Hash 预言请求时，先检查 L_h 中是否有对应的（h，M）存在，若存在，则将 h 返回给敌手 $\mathcal{A}$；否则随机生成并返回 h'，同时将（h'，M）添加到 L_h 中。

Test(Π_U^i)：如果该会话密钥参与者 U 已经与其对端计算过会话密钥 SK，则返回 SK 作为预言回应给敌手 $\mathcal{A}$；否则返回空值 NULL。敌手 $\mathcal{A}$ 只可以向 Π_U^i 发起单个 Test 请求，Π_U^i 在接到请求后，通过无偏抛币的方式得到值 $b \in (0,1)$，若 $b = 1$，则返回会话密钥 SK；否则，返回随机值。

假设敌手 $\mathcal{A}$ 攻击一个协议 P，在执行了 Execute、Send、Reveal、Corrupt 和 Test 查询之后，可以向一个未被执行过 Reveal 查询的新实例请求 Test 查询，并输出一个猜测位 b_0。如果 $b_0 = b$，其中 b 是在 Test 查询中选择的，则认为敌手 $\mathcal{A}$ 赢得了这个试验。

用 Succ 表示敌手 $\mathcal{A}$ 赢得了这个试验，若敌手 $\mathcal{A}$ 攻破协议 P 的语义安全性的优势 $\mathrm{Adv}_{P,D}(\mathcal{A}) = |2\Pr[\mathrm{Succ}] - 1|$ 可忽略，则表明协议 P 满足语义安全性。

2.5　BAN 逻辑

BAN 逻辑是一种普遍使用的分析认证协议的形式化逻辑方法，最早由 Burrows 等[14]提出。许多研究人员都习惯使用 BAN 逻辑来分析认证方案的正确性，通过将协议理想化为 BAN 逻辑对应公式，然后根据合理的假设和 BAN 逻辑推理规则将公式成功推导出预定目标[14, 15]。本书中 BAN 逻辑分析中所使用到的符号含义和推理规则如下所示。

1. BAN 逻辑的符号含义

基本的 BAN 逻辑符号含义如下所示。

A,B：表示通信过程中的参与者。

SK_{ab}：表示具体的通信主体 a 和 b 的共享密钥。

$\{X,Y\}$：表示一般情况下的消息参数。

$(X \| Y)$：表示消息参数 X 和消息参数 Y 的连接。

$P| \equiv X$：表示 P 相信消息参数 X，P 认为消息参数 X 为真。

$P \Delta X$：表示 P 曾收到包含消息参数 X 的消息。

$P| \sim X$：表示 P 在某一时刻发送过带有消息参数 X 的消息。

$P| \Rightarrow X$：表示 P 对消息参数 X 具有控制权。

$\# X$：表示消息参数 X 是新鲜的。

$P \overset{K}{\longleftrightarrow} Q$：表示只有通过 P 和 Q 才可以通过计算或生成得到秘密值 K，即只有 P、Q 知道 K。

$\langle X \rangle_Y$：表示用秘密参数 Y 加密消息 X 的结果。

$\frac{\text{Rule1}}{\text{Rule2}}$：表示根据规则 Rule1 可以推断出 Rule2 。

2. BAN 逻辑推理规则

具体推理规则如下所示。

（1）消息含义规则：

$$\frac{P|\equiv P\overset{K}{\longleftrightarrow}Q, P\Delta\{X\}_K}{P|\equiv Q|\sim X} \tag{2.14}$$

式（2.14）表示如果 P 相信参数 K 为 P 和 Q 都能得到的秘密值，且 P 接收到用 K 处理过 X 后的消息 $\{X\}_K$ ，则 P 相信 Q 发送过消息 X。

（2）控制权规则：

$$\frac{P|\equiv Q|\Rightarrow X, P|\equiv Q|\equiv X}{P|\equiv X} \tag{2.15}$$

式（2.15）表示如果 P 相信 Q 对 X 有控制权，且 P 相信 Q 也相信 X，则 P 相信 X 为真。

（3）临时值校验规则：

$$\frac{P|\equiv \# X, P|\equiv Q|\sim X}{P|\equiv Q|\equiv X} \tag{2.16}$$

式（2.16）表示如果 P 相信 X 是新鲜的，且 P 相信 Q 发送过 X，则 P 相信 Q 也相信 X。

（4）接收消息规则：

$$\frac{P\Delta(X,Y)}{P\Delta X} \tag{2.17}$$

式（2.17）表示如果 P 收到过消息 (X,Y) 的组合，那么 P 收到过消息 X。

（5）新鲜性规则：

$$\frac{P|\equiv \# X}{P|\equiv \#(X,Y)} \tag{2.18}$$

式（2.18）表示如果 P 相信消息 X 是新鲜的，那么 P 相信消息参数 (X,Y) 是新鲜的。

（6）信念规则：

$$\frac{P|\equiv X, P|\equiv Y}{P|\equiv (X,Y)} \tag{2.19}$$

式（2.19）表示如果 P 相信 X 为真而且 P 相信 Y 也为真，那么 P 相信消息 (X,Y) 为真。

$$\frac{P|\equiv (X,Y)}{P|\equiv X} \tag{2.20}$$

式（2.20）表示如果 P 相信 (X,Y) 为真，那么 P 相信 X 为真。

$$\frac{P|\equiv Q|\equiv (X,Y)}{P|\equiv Q|\equiv X} \tag{2.21}$$

式（2.21）表示如果 P 相信 Q 相信 (X,Y) 为真，那么 P 相信 Q 相信 X 为真。

$$\frac{P|\equiv Q|\sim (X,Y)}{P|\equiv Q|\sim X} \tag{2.22}$$

式（2.22）表示如果 P 相信 Q 发送过消息 (X,Y)，那么 P 相信 Q 发送过消息参数 X。

参 考 文 献

[1] Stehlé D，Steinfeld R. Making NTRU as secure as worst-case problems over ideal lattices[C]. Annual International Conference on the Theory and Applications of Cryptographic Techniques，Berlin，2011：27-47.

[2] Yu Y，Xu G，Wang X. Provably secure NTRU instances over prime cyclotomic rings[C]. IACR International Workshop on Public Key Cryptography，Berlin，2017：409-434.

[3] Goldwasser S，Micali S，Rivest R L. A digital signature scheme secure against adaptive chosen-message attacks[J]. SIAM Journal on Computing，1988，17（2）：281-308.

[4] Bellare M，Rogaway P. Random oracles are practical：A paradigm for designing efficient protocols[C]. The 1st ACM Conference on Computer and Communication Security，New York，1993：62-73.

[5] Canetti R，Goldreich O，Halevi S. The random oracle methodology，revisited[C]. The 30th Annual Symposium on the Theory of Computing，New York，1998：209-218.

[6] Canetti R，Goldreich O，Halevi S. The random oracle methodology，revisited[J]. Journal of the ACM，2004，51（4）：557-594.

[7] Pointcheval D. Asymmetric cryptography and practical security[J]. Journal of Telecommunications and Information Technology，2002，4：41-56.

[8] Bellare M，Rogaway P. The exact security of digital signatures-how to sign with RSA and rabin[C]. Proceedings of EUROCRYPT '96，Berlin，1996：399-416.

[9] Dan B，Lynn B，Shacham H. Short signatures from the weil pairing[C]. International Conference on the Theory and Application of Cryptology and Information Security，Berlin，2001：514-532.

[10] Choi K Y，Park J H，Hwang J Y，et al. Efficient certificateless signature schemes[C]. International Conference on Applied Cryptography and Network Security，Berlin，2007：443-458.

[11] Hu B，Wang D，Zhang Z，et al. Certificateless signature：A new security model and an improved generic construction[J]. Designs Codes and Cryptography，2007，42（2）：109-126.

[12] Du H，Wen Q. Efficient and provably-secure certificateless short signature scheme from bilinear pairings[J]. Computer Standards and Interfaces，2009，31（2）：390-394.

[13] Bellare M，Neven G. Multi-signatures in the plain public-key model and a general forking lemma[C]. Proceedings of the 13th ACM Conference on Computer and Communications Security，New York，2006：390-399.

[14] Burrows M，Abadi M，Needham R. A logic of authentication[J]. ACM Transactions on Computer Systems，1990，8（1）：18-36.

[15] 冯登国. 可证明安全性理论与方法研究[J]. 软件学报，2005（10）：1743-1756.

第 3 章　具有隐私保护特性的车联网认证

3.1　基于信任扩展认证机制的匿名认证

车联网通过让交通系统智能化给人们提供了更良好的驾驶体验，有利于营造和谐安全的驾驶环境。但是，由于无线网络的开放性，车联网也存在大量潜在的安全威胁。虽然，业界已经提出了各种认证方案来解决安全问题，但是由于这些方案计算和通信成本过高，并不适用于车联网。由于车联网的开放性、车辆的高速移动性与邻里间的陌生性，一个理想的认证方案必须是安全且高效的。

Chuang 和 Lee[1]提出了一种车联网信任扩展认证机制，实现了车辆间的身份认证和密钥协商。虽然该方案只使用了异或和 Hash 函数，具有较高的认证效率，但是认证过程中存在消息的连接性，同时安全通信过程不能抵抗内部攻击，身份匿名也无法保证。本节的车联网匿名认证方案基于 Chuang 和 Lee[1]提出的信任扩展认证机制进行构造。该方案实现了认证过程中消息的不可连接性和身份匿名，同时可以抵抗内部攻击。最后，基于椭圆曲线上的 CDH（computable Diffie-Hellman）难题，利用随机预言机模型证明了方案的安全性。

3.1.1　系统模型

在本节方案中，把车辆分为三种类型，分别是执法车辆（law executor，LE）、不可信车辆（mistrusted vehicle，MV）和可信车辆（trusted vehicle，TV），如图 3.1 所示。其中 LE（如公交车、警车）被视为永久可信的，并扮演着类似于移动的可信中心的角色。当普通车辆认证成功后，被视为是可信的，并获得相关安全密钥，否则，它被视为是不可信的。一旦可信车辆拥有的安全密钥的生存时间到期时，将变成不可信车辆。为了保证车辆间通信的安全性，车辆只有在认证成功后，才能向服务提供商请求服务。

该方案由七个步骤组成，分别是系统初始化、车辆注册、车辆登录、普通认证、信任扩展认证、安全通信和密钥更新。每辆车加入网络之前，其车载单元（on board unit，OBU）执行车辆注册过程向可信中心（certificate authority，CA）注册。当车辆想要从车联网中获取访问服务时，首先执行登录过程。成功完成登录过程后，OBU 首先检查其认证状态。如果认证状态是 MV，则需要执行一般认证过程或者执行信任扩展认证过程，若通过认证，认证状态就会变成 TV 并获得了安全密钥。然后，它就可以扮演 LE 的角色，辅助 LE 执行信任扩展认证过程来验证其他不可信的 OBU，提高认证效率。同时，任意两辆可信车辆可以通过执行安全通信过程协商会话密钥进行通信。每个安全密钥都有固定的生存时间，当 TV 的认证密钥即将到期时，可以选择与 LE 执行密钥更新协议以更换密钥。否则，当密钥的生存时间到期时，其认证状态将变成 MV。

假设每辆车的 OBU 都装载了安全硬件，包括 TPD 和事故数据记录装置（event data recorder，EDR）。所有的 LE 都需要装载 TPD，但 TV 和 MV 等普通车辆不需要装载 TPD。TPD 的责任是妨碍攻击者获取 OBU 里面的信息。EDR 的责任则是记录重要数据，如公共参数、加密密钥、时间和地点。另外，每辆车都需要通过全球定位系统进行同步。最后，每辆车都需要周期性地广播一个 hello 消息，消息中包含认证状态信息（MV 或 TV），使其他车辆知道其认证状态。

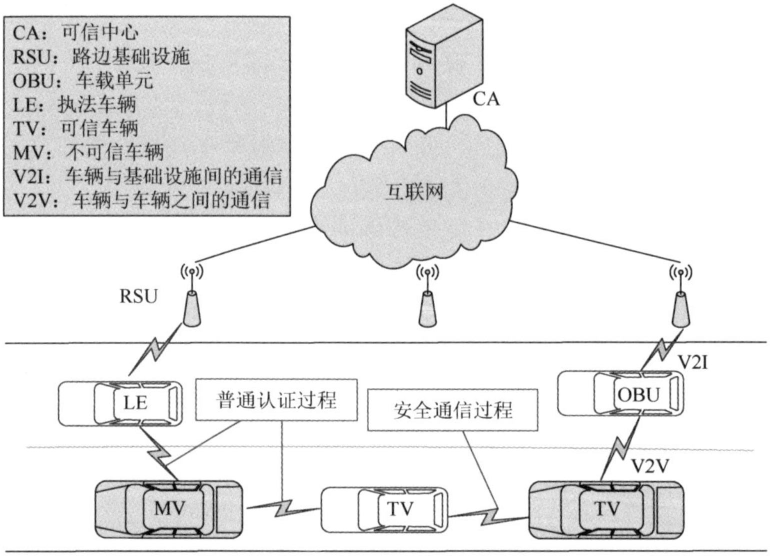

图 3.1　系统模型

3.1.2　方案具体构造

为了方便理解，首先介绍本节方案中需要使用的符号和定义，如表 3.1 所示。

表 3.1　符号和定义

符号	定义
x	CA 的私钥
x_i	用户 i 的私钥

续表

符号	定义
PSK	LE 和 CA 之间的预共享安全密钥集
ID_i	实体 i 的身份识别码
PW_i	用户 i 的密码
AID_i	实体 i 的假名
h	一个安全的 Hash 函数
P_{pub_i}	用户 i 的公钥 $P_{\mathrm{pub}_i}=x_iP$
p	一个安全的大素数
P	群 G 的生成元
G	一个素数阶为 p 的循环加法群
Z_p^*	包括 $\{0,1,\cdots,p-1\}$ 中所有素数的集合
$r,y\in Z_p^*$	从 Z_p^* 中选择的随机数
SK_{ij}	实体 i 和实体 j 之间的会话密钥
$\mathrm{MSG}_{\mathrm{KU}}$	密钥更新消息

1. 系统初始化阶段

系统初始化过程由 CA 执行，生成自己的私钥和整个系统的公共参数。

（1）设 G 是一个素数阶为 p 的循环加法群。CA 随机选择 $\{x\in Z_p^*\}$ 作为自己的私钥。

（2）CA 基于 Hash 链的方法，计算 $\{\mathrm{PSK}_i, i=1,\cdots,n\}$ 作为安全密钥集，安全密钥集的生成过程如图 3.2 所示。

$$\begin{array}{ccccc} \mathrm{PSK}_n & \mathrm{PSK}_{n-1} & \cdots & \mathrm{PSK}_2 & \mathrm{PSK}_1 \\ H(\text{nonce}) \rightarrow & H^2(\text{nonce}) \rightarrow & \cdots \rightarrow & H^{n-1}(\text{nonce}) \rightarrow & H^n(\text{nonce}) \end{array}$$

图 3.2　安全密钥集的生成过程

2. 车辆注册阶段

LE 注册：在这个过程中，LE 通过制造商或者安全通道向 CA 注册。CA 发送安全密钥集和公共参数给 LE。只有安全密钥集 $\{PSK_i, i=1,\cdots,n\}$ 和公开参数需要存储在 LE 的安全硬件里面，不需要存储其他用户信息。同时，每个安全密钥 PSK 只有很短的生存时间。因此，当安全密钥将要到期时，可信车辆需要与 LE 执行密钥更新过程。

普通车辆注册：当车辆被交付到市场时，除 LE 之外的所有车辆都需要执行此过程，并且每辆车仅执行一次注册过程。图 3.3 描述了普通车辆的注册过程。

（1）用户 U_i 选择自己的密码 PW_i，并将其公共身份 ID_i 和 PW_i 通过制造商或安全通道发送给 CA。

（2）当 CA 收到 U_i 发送的 ID_i 和 PW_i 后，选择随机数 y_i 并计算以下参数：$A_i = h(ID_i \| x)$、$B_i = h(PW_i) \oplus A_i$、$C_i = h(PSK \| y_i) \oplus A_i$ 和 $D_i = h(ID_i \| PW_i \| A_i)$。

（3）CA 通过安全通道把参数 $(B_i, C_i, D_i, y_i, G, p, P)$ 存储在 OBU 的安全硬件中。

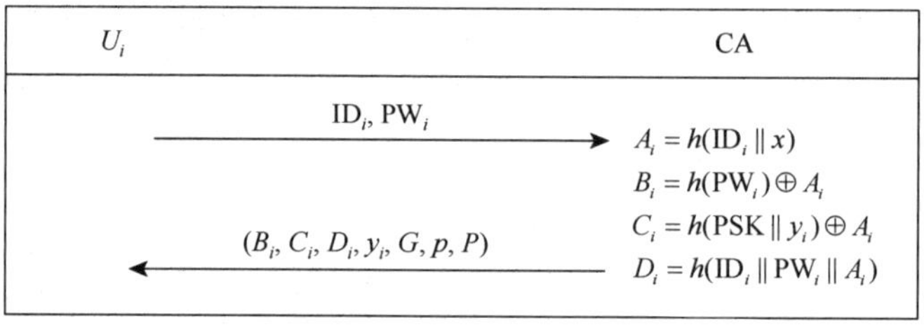

图 3.3　普通车辆的注册过程

3. 车辆登录阶段

当用户 U_i 想要获取服务时需要先执行此登录过程。登录过程如下所述。

（1）用户 U_i 输入 ID_i 和 PW_i 给 OBU_i。

（2）OBU_i 首先检索 $A_i = h(PW_i) \oplus B_i$，然后验证等式 $D_i = h(ID_i \| PW_i \| A_i)$ 是否成立。如果成立，OBU_i 启动普通认证过程或信任扩展认证过程。否则，登录请求将被拒绝。

4. 普通认证阶段

U_i 完成登录过程之后，普通认证过程在 OBU_i 和 LE_j 之间执行。普通认证过程如图 3.4 所示，详细的步骤描述如下。

（1）OBU_i 选择一个随机数 r_i 并计算其别名 $AID_i = h(r_i) \oplus ID_i$。然后，$OBU_i$ 计算请求消息 $M_1 = h(A_i) \oplus r_i$ 和 $M_2 = h(r_i \| AID_i \| C_i \| y_i)$，其中 A_i 是在登录过程中获得的。

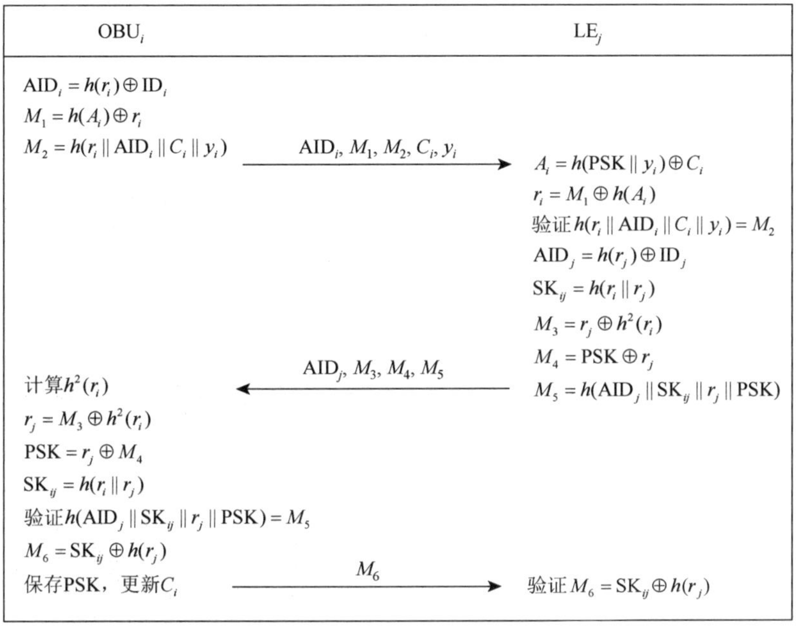

图 3.4　普通认证过程

（2）OBU$_i$ 发送认证消息 $(AID_i, M_1, M_2, C_i, y_i)$ 给 LE$_j$。

（3）LE$_j$ 在接收到认证请求消息 $(AID_i, M_1, M_2, C_i, y_i)$ 后，使用安全密钥 PSK 检索 $A_i = h(PSK \| y_i) \oplus C_i$ 和 $r_i = M_1 \oplus h(A_i)$。然后检查等式 $h(r_i \| AID_i \| C_i \| y_i) = M_2$ 是否成立。如果不成立，则此认证请求将被拒绝。否则，LE$_j$ 选择一个随机数 r_j 计算 $AID_j = h(r_j) \oplus ID_j$ 和 $SK_{ij} = h(r_i \| r_j)$。最后，LE$_j$ 计算回应消息 $M_3 = r_j \oplus h^2(r_i)$、$M_4 = PSK \oplus r_j$ 和 $M_5 = h(AID_j \| SK_{ij} \| r_j \| PSK)$。

（4）LE$_j$ 将响应消息 (AID_j, M_3, M_4, M_5) 发送给 OBU$_i$。

（5）OBU$_i$ 接收到 LE$_j$ 的响应消息后，首先计算 $h^2(r_i)$ 来检索 $r_j = M_3 \oplus h^2(r_i)$、$PSK = r_j \oplus M_4$ 和 $SK_{ij} = h(r_i \| r_j)$ 并检查等式 $h(AID_j \| SK_{ij} \| r_j \| PSK) = M_5$ 是否成立。如果等式不成立，OBU$_i$ 终止这个过程。否则，OBU$_i$ 计算回复消息 $M_6 = SK_{ij} \oplus h(r_j)$；计算 $C_{i\text{new}} = h(PSK \| r_i) \oplus A_i$ 和 $E_i = h(PW_i) \oplus PSK$；用 $C_{i\text{new}}$ 和 r_i 来代替 C_i 和 y_i，并将 E_i 存储在其安全的硬件中。

（6）OBU$_i$ 发送消息 M_6 给 LE$_j$。

（7）LE$_j$ 使用 SK_{ij} 来检索 $h(r_j)$。然后，LE$_j$ 验证是否存在已有的散列值与该散列值相同。这样，不合法的 OBU 发起的重放攻击将被避免。

此时，由于 OBU$_i$ 已经被认证成功，所以 OBU$_i$ 的状态变为 TV 并且获得了安全密钥 PSK。现在，该 OBU$_i$ 可以认证其他不可信 OBU 了。

5. 信任扩展认证阶段

为了提高性能，方案采用基于传递信任关系的概念来实现信任扩展机制的验证过程。当一个 OBU 认证成功之后，获得了一个安全密钥 PSK，其认证状态由不可信变为可信。于是，可信的 OBU 可以暂时扮演 LE 的角色去协助 LE 认证其他不可信的 OBU。在此过程中，可信的车辆执行的是 LE 的工作，并且可信车辆仍然不需要存储任何有关用户的信息，因此，本节方案仅需很小的存储空间。此信任扩展认证过程和普通认证过程相同，因此在车联网中的所有车辆可以快速地完成认证过程。

6. 安全通信阶段

当两个可信车辆 OBU_i 和 OBU_j 想要相互通信时，安全通信过程在它们之间执行。安全通信过程如图 3.5 所示，详细的步骤描述如下。

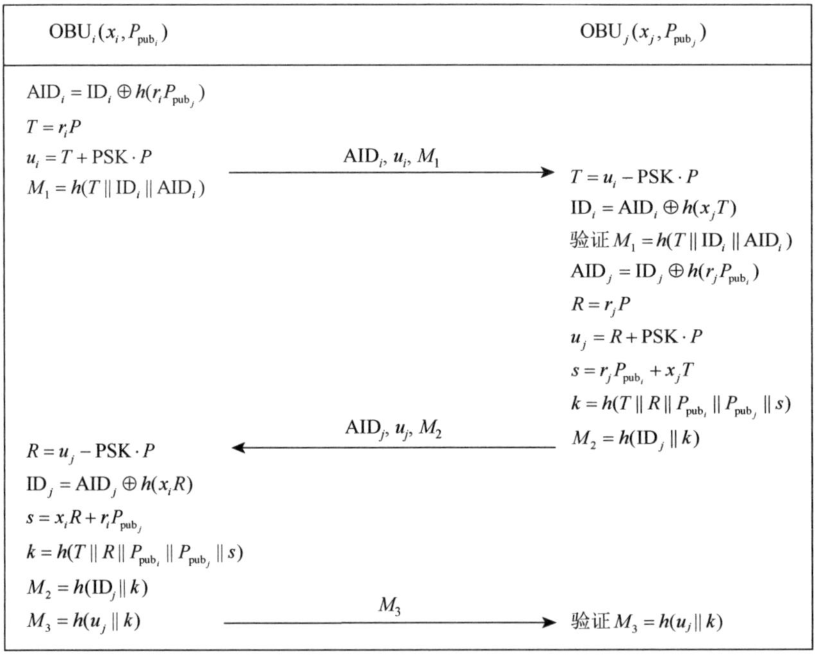

图 3.5　安全通信过程

（1）登录过程完成之后，可信车辆的 OBU_i 检索安全密钥 $\mathrm{PSK} = h(\mathrm{PW}_i) \oplus E_i$ 和私钥 $x_i = h(\mathrm{PW}_i) \oplus Z_i$，然后选择一个随机数 r_i，计算 $\mathrm{AID}_i = \mathrm{ID}_i \oplus h(r_i P_{\mathrm{pub}_j})$、$T = r_i P$、

$u_i = T + \mathrm{PSK} \cdot P$ 和 $M_1 = h(T \| \mathrm{ID}_i \| \mathrm{AID}_i)$， E_i 是在普通认证过程或者信任扩展认证过程中获得的。

（2） OBU_i 将安全通信请求 $(\mathrm{AID}_i, u_i, M_1)$ 发送给 OBU_j 。

（3） OBU_j 一旦接收到消息 $(\mathrm{AID}_i, u_i, M_1)$，使用PSK从 u_i 检索 T，然后计算 $\mathrm{ID}_i = \mathrm{AID}_i \oplus h(x_j T)$，并检查 M_1 是否等于 $h(T \| \mathrm{ID}_i \| \mathrm{AID}_i)$ 。如果等式不成立，请求将被拒绝。否则， OBU_j 随机选择 r_j 并计算： $\mathrm{AID}_j = \mathrm{ID}_j \oplus h(r_j P_{\mathrm{pub}_i})$、 $R = r_j P$、 $u_j = R + \mathrm{PSK} \cdot P$、 $s = r_j P_{\mathrm{pub}_i} + x_j T$、 $k = h(T \| R \| P_{\mathrm{pub}_i} \| P_{\mathrm{pub}_j} \| s)$ 和 $M_2 = h(\mathrm{ID}_j \| k)$ 。

（4） OBU_j 将回复消息 $(\mathrm{AID}_j, u_j, M_2)$ 返回给 OBU_i 。

（5） OBU_i 收到消息回复后， OBU_i 验证 OBU_j 是否是可信的。 OBU_i 首先计算 $R = u_j - \mathrm{PSK} \cdot P$、 $\mathrm{ID}_j = \mathrm{AID}_j \oplus h(x_i R)$、 $s = x_i R + r_i P_{\mathrm{pub}_j}$ 和 $k = h(T \| R \| P_{\mathrm{pub}_i} \| P_{\mathrm{pub}_j} \| s)$，然后检查 $M_2 = h(\mathrm{ID}_j \| k)$ 是否成立。如果成立，OBU_i 计算回复消息 $M_3 = h(u_j \| k)$ 。否则，该过程终止。

（6） OBU_i 将 M_3 发送给 OBU_j 。

（7）接收到消息 M_3 后， OBU_j 验证 $M_3 = h(u_j \| k)$ 是否成立。如果成立，两辆可信车辆则可以使用会话密钥 k 进行后续通信。否则， OBU_j 终止该过程。

7. 密钥更新阶段

当车辆安全硬件中的安全密钥快要到期时，可执行此密钥更新过程。步骤描述如下。

（1）当生存时间低于预定阈值（predefined threshold，TH）时，密钥更新过程触发。 OBU_i 发送一个密钥更新消息给 LE_j 。首先 OBU_i 选择随机数 r_i，然后计算消息 $M_1 = \mathrm{PSK}_{\mathrm{old}} \oplus r_i$、 $M_2 = \mathrm{PSK}_{\mathrm{old}} \oplus \mathrm{MSG}_{\mathrm{KU}}$ 和 $M_3 = h(r_i \| \mathrm{MSG}_{\mathrm{KU}})$ 。

（2） OBU_i 发送一个密钥更新请求 (M_1, M_2, M_3) 消息给 LE_j 。

（3） LE_j 使用当前的 $\mathrm{PSK}(\mathrm{PSK}_{\mathrm{old}})$ 来获得 r_i 和 $\mathrm{MSG}_{\mathrm{KU}}$ 。如果 $h(M_1 \| M_2)$ 不等于 M_3，则意味着该消息已被修改， LE_j 拒绝密钥更新。否则， LE_j 选择随机数 r_j 和计算响应消息 $M_4 = r_j \oplus h(r_i)$、$M_5 = \mathrm{PSK}_{\mathrm{new}} \oplus r_j$ 和 $M_6 = h(r_j \oplus \mathrm{PSK}_{\mathrm{new}})$，其中PSK是基于Hash链的方法产生的安全密钥集。因此，该OBU不能使用当前的 $\mathrm{PSK}_{\mathrm{old}}$ 来推断新的PSK。最后， LE_j 计算会话密钥 $\mathrm{SK}_{ij} = h(r_i \| r_j \| \mathrm{PSK}_{\mathrm{new}})$ 。

（4） LE_j 发送响应信息 (M_4, M_5, M_6) 给 OBU_i 。

（5）在收到密钥更新响应消息时， OBU_i 计算 $h(r_i)$，获取随机数 $r_j = M_4 \oplus h(r_i)$，并获得新的PSK。接着， OBU_i 验证 M_6 和 $h(r_j \oplus \mathrm{PSK}_{\mathrm{new}})$ 是否相等。然后， OBU_i 检查 $h(\mathrm{PSK}_{\mathrm{new}})$ 是否等于 $\mathrm{PSK}_{\mathrm{old}}$ 。如果该值是相等的， OBU_i 更新该PSK并计算会话密钥 $\mathrm{SK}_{ij} = h(r_i \| r_j \| \mathrm{PSK}_{\mathrm{new}})$ 。

（6） OBU_i 发送消息 $\mathrm{SK}_{ij} \oplus h(r_j)$ 给 LE_j 。

（7） LE_j 使用会话密钥 SK_{ij} 计算 $h(r_j)$ 。然后验证是否已有散列值与该值相同，以防止重放攻击。现在，两辆可信的车辆可以使用会话密钥 SK_{ij} 进行后续通信。

3.1.3　方案分析

本节首先使用 BAN 逻辑分析方案的正确性，然后基于随机预言机模型证明方案的安全性，最后与其他相似的方案进行对比，分析方案的性能。

1. 正确性分析

BAN 逻辑是验证安全协议的正确性的有效方法，尤其是对于验证认证协议的正确性。本节方案中普通认证过程和安全通信过程的正确性的验证过程如下所示。

（1）协议理想化。首先，我们按照 BAN 逻辑的规则把普通认证过程转化成逻辑语言的表达形式，具体如下所示。

① $\mathrm{OBU}_i \to \mathrm{LE}_j$： $\{M_2 = h(r_i \| \mathrm{AID}_i \| C_i \| y_i), \mathrm{AID}_i, \{r_i\}_{A_i}, \{A_i\}_{\mathrm{PSK}}\}$ 。

② $\mathrm{LE}_j \to \mathrm{OBU}_i$： $\{M_5 = h(\mathrm{AID}_j \| \mathrm{SK}_{ij} \| r_j \| \mathrm{PSK}), \mathrm{AID}_j, \{r_j\}_{r_i}, \{\mathrm{PSK}\}_{r_j}\}$ 。

③ $\mathrm{OBU}_i \to \mathrm{LE}_j$： $\{M_6 = \{\mathrm{SK}_{ij}\}_{r_j}\}$ 。

（2）协议预期目标。普通认证过程中包括两个实体：OBU_i 和 LE_j 。因为 OBU_i 需要从 LE_j 处获得安全密钥 PSK，因此必须相信 PSK。而且，OBU_i 和 LE_j 必须相信对方与对方的别名，并且它们必须相信在普通认证过程中生成的会话密钥。因此，在本节方案的普通认证过程需要实现五个目标。

$G1. \mathrm{OBU}_i \mid\equiv \mathrm{LE}_j \mid\equiv \mathrm{PSK}$： OBU_i 相信安全密钥 PSK。

$G2. \mathrm{OBU}_i \mid\equiv \mathrm{LE}_j \mid\equiv \mathrm{AID}_j$： OBU_i 相信 LE_j 和 LE_j 的别名 AID_j 。

$G3. \mathrm{LE}_j \mid\equiv \mathrm{OBU}_i \mid\equiv \mathrm{AID}_i$： LE_j 相信 OBU_i 和 OBU_i 的别名 AID_i 。

$G4. \mathrm{OBU}_i \mid\equiv \mathrm{OBU}_i \xleftrightarrow{\mathrm{SK}_{ij}} \mathrm{LE}_j$： OBU_i 相信自己和 LE_j 之间生成的会话密钥 SK_{ij} 。

$G5. \mathrm{LE}_j \mid\equiv \mathrm{LE}_j \xleftrightarrow{\mathrm{SK}_{ij}} \mathrm{OBU}_i$： LE_j 相信自己和 OBU_i 之间生成的会话密钥 SK_{ij} 。

（3）初始化假设。根据协议预期目标，需要提出如下初始化假设。

$A1. \mathrm{OBU}_i \lhd \mathrm{AID}_i$： OBU_i 拥有别名 AID_i 。

$A2. \mathrm{LE}_j \lhd \mathrm{AID}_j$： LE_j 拥有别名 AID_j 。

$A3. \mathrm{OBU}_i \mid\equiv \#(r_i, r_j)$： OBU_i 相信 r_i 和 r_j 的新鲜性。

$A4.\ \mathrm{LE}_j \mid\equiv \#(r_i, r_j, y_i)$： LE_j 相信 r_i、r_j 和 y_i 的新鲜性。

$A5.\ \mathrm{LE}_j \mid\equiv \mathrm{LE}_j \xleftrightarrow{\mathrm{PSK}} \mathrm{OBU}_i$： LE_j 相信它和 OBU_i 之间的安全密钥 PSK。

$A6.\ \mathrm{OBU}_i \mid\equiv \mathrm{OBU}_i \xleftrightarrow{r_i} \mathrm{LE}_j$： OBU_i 相信它和 LE_j 之间的共享密钥 r_i。

$A7.\ \mathrm{LE}_j \mid\equiv \mathrm{LE}_j \xleftrightarrow{r_j} \mathrm{OBU}_i$： LE_j 相信它和 OBU_i 之间的共享密钥 r_j。

（4）逻辑推理。本节将使用 BAN 逻辑的推理规则对本节方案中的普通认证过程进行推理，详细的推理步骤如下所示。

由协议理想化①，利用假设 $A5$ 可得

$$\frac{\mathrm{LE}_j \lhd \{r_i\}_{A_i}, \mathrm{AID}_i, \{A_i\}_{\mathrm{PSK}}, M_2, y_i, \mathrm{LE}_j \mid\equiv \mathrm{LE}_j \xleftrightarrow{\mathrm{PSK}} \mathrm{OBU}_i}{\mathrm{LE}_j \mid\equiv \mathrm{OBU}_i \mid\sim M_2} \tag{3.1}$$

由式（3.1）和假设 $A4$，应用规则得到

$$\frac{\mathrm{LE}_j \mid\equiv \#(r_i, r_j, y_i), \mathrm{LE}_j \mid\equiv \mathrm{OBU}_i \mid\sim M_2}{\mathrm{LE}_j \mid\equiv \mathrm{OBU}_i \mid\equiv M_2} \tag{3.2}$$

由式（3.2）和应用规则得到

$$\frac{\mathrm{LE}_j \mid\equiv \mathrm{OBU}_i \mid\equiv M_2}{\mathrm{LE}_j \mid\equiv \mathrm{OBU}_i \mid\equiv \mathrm{AID}_i} \tag{3.3}$$

由协议理想化②、假设 $A6$ 可得

$$\frac{\mathrm{OBU}_i \lhd \mathrm{AID}_j, \{r_j\}_{r_i}, \{\mathrm{PSK}\}_{r_j}, M_5, \mathrm{OBU}_i \mid\equiv \mathrm{OBU}_i \xleftrightarrow{r_i} \mathrm{LE}_j}{\mathrm{OBU}_i \mid\equiv \mathrm{LE}_j \mid\sim M_5} \tag{3.4}$$

由式（3.4）和假设 $A3$，应用规则得到

$$\frac{\mathrm{OBU}_i \mid\equiv \#(r_i, r_j), \mathrm{OBU}_i \mid\equiv \mathrm{LE}_j \mid\sim M_5}{\mathrm{OBU}_i \mid\equiv \mathrm{LE}_j \mid\equiv M_5} \tag{3.5}$$

由式（3.5），应用规则得到

$$\frac{\mathrm{OBU}_i \mid\equiv \mathrm{LE}_j \mid\equiv M_5}{\mathrm{OBU}_i \mid\equiv \mathrm{LE}_j \mid\equiv r_j} \tag{3.6}$$

$$\frac{\mathrm{OBU}_i \mid\equiv \mathrm{LE}_j \mid\equiv M_5}{\mathrm{OBU}_i \mid\equiv \mathrm{LE}_j \mid\equiv \mathrm{AID}_j} \tag{3.7}$$

$$\frac{\mathrm{OBU}_i \mid\equiv \mathrm{LE}_j \mid\equiv M_5}{\mathrm{OBU}_i \mid\equiv \mathrm{LE}_j \mid\equiv \mathrm{PSK}} \tag{3.8}$$

由假设 $A3$，应用规则得到

$$\frac{\text{OBU}_i \mid\equiv \#(r_i, r_j)}{\text{OBU}_i \mid\equiv \#(\text{SK}_{ij})} \tag{3.9}$$

由式（3.6）和式（3.7），应用规则得到

$$\frac{\text{OBU}_i \mid\equiv \#(\text{SK}_{ij}), \text{OBU}_i \mid\equiv \text{LE}_j \mid\equiv r_j}{\text{OBU}_i \mid\equiv \text{OBU}_i \xleftrightarrow{\text{SK}_{ij}} \text{LE}_j} \tag{3.10}$$

由式（3.1）和假设 $A7$ 可得

$$\frac{\text{LE}_j \triangleleft \text{SK}_{ij}, M_6, \text{LE}_j \mid\equiv \text{LE}_j \xleftrightarrow{r_j} \text{OBU}_i}{\text{LE}_j \mid\equiv \text{OBU}_i \mid\sim M_6} \tag{3.11}$$

由协议理想化③、式（3.11）和假设 $A4$，应用规则得到

$$\frac{\text{LE}_j \triangleleft \#(r_j), M_6, \text{LE}_j \mid\equiv \text{OBU}_i \mid\sim M_6}{\text{LE}_j \mid\equiv \text{OBU}_i \mid\equiv M_6} \tag{3.12}$$

由式（3.12），应用规则得到

$$\frac{\text{LE}_j \mid\equiv \text{OBU}_i \mid\equiv M_6}{\text{LE}_j \mid\equiv \text{OBU}_i \mid\equiv r_i} \tag{3.13}$$

由假设 $A4$，应用规则得到

$$\frac{\text{LE}_j \mid\equiv \#(r_i, r_j)}{\text{LE}_j \mid\equiv \#\text{SK}_{ij}} \tag{3.14}$$

由式（3.13）和式（3.14），应用规则得到

$$\frac{\text{LE}_j \mid\equiv \#\text{SK}_{ij}, \text{LE}_j \mid\equiv \text{OBU}_i \mid\equiv r_i}{\text{LE}_j \mid\equiv \text{LE}_j \xleftrightarrow{\text{SK}_{ij}} \text{OBU}_i} \tag{3.15}$$

在式（3.3）、式（3.7）和式（3.8）中，LE_j 相信 OBU_i 发送的 M_2，同时 OBU_i 相信 LE_j 发送的 M_5。因为 LE_j 已经验证了消息 M_2 的正确性，并且 OBU_i 已经验证了消息 M_5 的正确性，所以 OBU_i 和 LE_j 各自相信对方，同时 OBU_i 相信从 LE_j 获得的安全密钥 PSK。在式（3.10）中，因为 OBU_i 能够用 r_j 计算并验证 SK_{ij}，同时 OBU_i 相信 SK_{ij} 的新鲜性，所以 OBU_i 相信自己计算出的会话密钥 SK_{ij}。同样，在式（3.15）中，LE_j 相信 r_i，同时相信 SK_{ij} 的新鲜性，因此 LE_j 相信自己计算的会话密钥 SK_{ij}。根据式（3.15），可得出本节方案的普通认证过程达到了预期目标。

2. 安全通信过程的正确性

1）协议理想化

首先，按照 BAN 逻辑的规则把普通认证过程转化成逻辑语言的表达形式，具体如下所示。

① $\text{OBU}_i \to \text{OBU}_j$： $\{M_1 = h(r_iP \| \text{ID}_i \| \{\text{ID}_i\}_{\text{pub}_j})$， $\{\text{ID}_i\}_{\text{pub}_j}$， $\{r_iP\}_{\text{PSK}}\}$。

② $\text{OBU}_j \to \text{OBU}_i$： $\{M_2 = h(\text{ID}_j \| k)$， $\{\text{ID}_j\}_{\text{pub}_i}$， $\{r_jP\}_{\text{PSK}}\}$。

③ $\text{OBU}_i \to \text{OBU}_j$： $\{M_3 = h(\{r_jP\}_{\text{PSK}} \| k)\}$。

2）协议预期目标

安全通信过程中包括两个角色：OBU_i 和 OBU_j，是两辆通信车辆的车载单元。由于 OBU_i 和 OBU_j 在交互完成时需要生成一个临时的会话密钥用于后续通信，因此它们必须相信对方和对方的身份，同时必须相信在安全通信过程中自己计算出的会话密钥。因此，方案中的安全通信过程需要实现以下四个目标。

$G1.\ \text{OBU}_i \mid\equiv \text{OBU}_j \mid\equiv \text{ID}_j$： OBU_i 相信 OBU_j 和它的身份标识。

$G2.\ \text{OBU}_j \mid\equiv \text{OBU}_i \mid\equiv \text{ID}_i$： OBU_j 相信 OBU_i 和它的身份标识。

$G3.\ \text{OBU}_i \mid\equiv \text{OBU}_i \xleftrightarrow{k} \text{OBU}_j$： OBU_i 相信它和 OBU_j 之间的共享密钥 k。

$G4.\ \text{OBU}_j \mid\equiv \text{OBU}_j \xleftrightarrow{k} \text{OBU}_i$： OBU_j 相信它和 OBU_i 之间的共享密钥 k。

3）初始化假设

在设定目标的同时，这些假设也需要陈述如下。

$A1.\ \text{OBU}_i \lhd \text{ID}_i$： OBU_i 拥有它的身份 ID_i。

$A2.\ \text{OBU}_j \lhd \text{ID}_j$： OBU_j 拥有它的身份 ID_j。

$A3.\ \text{OBU}_i \lhd x_i$： OBU_i 拥有它的私钥 x_i。

$A4.\ \text{OBU}_j \lhd x_j$： OBU_j 拥有它的私钥 x_j。

$A5.\ \text{OBU}_i \mid\equiv \xmapsto{P_{\text{pub}_i}} \text{OBU}_i$： OBU_i 相信它自己的公钥 P_{pub_i}。

$A6.\ \text{OBU}_j \mid\equiv \xmapsto{P_{\text{pub}_j}} \text{OBU}_j$： OBU_j 相信它自己的公钥 P_{pub_j}。

$A7.\ \text{OBU}_i \lhd (P_{\text{pub}_i}, P_{\text{pub}_j})$： OBU_i 拥有公钥 P_{pub_i} 和 P_{pub_j}。

$A8.\ \text{OBU}_j \lhd (P_{\text{pub}_i}, P_{\text{pub}_j})$： OBU_j 拥有公钥 P_{pub_i} 和 P_{pub_j}。

$A9.\ \text{OBU}_i \mid\equiv \#(r_i, r_j)$： OBU_i 相信 r_i, r_j 的新鲜性。

$A10.\ \text{OBU}_j \mid\equiv \#(r_i, r_j)$： OBU_j 相信 r_i, r_j 的新鲜性。

$A11.\ \text{OBU}_i \mid\equiv \text{OBU}_i \xleftrightarrow{\text{PSK}} \text{OBU}_j$： OBU_i 相信它和 OBU_j 之间的安全密钥 PSK。

$A12.\ \text{OBU}_j \mid\equiv \text{OBU}_j \xleftrightarrow{\text{PSK}} \text{OBU}_i$： OBU_j 相信它和 OBU_i 之间的安全密钥 PSK。

4）逻辑推理

本节将使用 BAN 逻辑的推理规则对本方案中的安全通信过程进行推理，详细的推理步骤如下所示。

由协议理想化①和假设 $A6$，应用规则得到

$$\frac{\text{OBU}_j \mid\equiv \overset{P_{\text{pub}_j}}{\mapsto} \text{OBU}_j, \text{OBU}_j \lhd \{\text{ID}_i\}_{\text{pub}_j}}{\text{OBU}_j \lhd \text{ID}_i} \tag{3.16}$$

由式（3.16）和假设 $A4$ 与假设 $A12$，应用规则可得

$$\frac{\text{OBU}_j \lhd \{r_i P\}_{\text{PSK}}, \text{ID}_i, M_1, \text{OBU}_j \mid\equiv \text{OBU}_j \xleftrightarrow{\text{PSK}} \text{OBU}_i}{\text{OBU}_j \mid\equiv \text{OBU}_i \mid\sim M_1} \tag{3.17}$$

由式（3.17）和假设 $A10$，应用规则得到

$$\frac{\text{OBU}_j \mid\equiv \#(r_i), \text{OBU}_j \mid\equiv \text{OBU}_i \mid\sim M_1}{\text{OBU}_j \mid\equiv \text{OBU}_i \mid\equiv M_1} \tag{3.18}$$

由式（3.18），应用规则得到

$$\frac{\text{OBU}_j \mid\equiv \text{OBU}_i \mid\equiv M_1}{\text{OBU}_j \mid\equiv \text{OBU}_i \mid\equiv \text{ID}_i} \tag{3.19}$$

由协议理想化②和假设 $A5$，应用规则得到

$$\frac{\text{OBU}_i \mid\equiv \overset{P_{\text{pub}_i}}{\mapsto} \text{OBU}_i, \text{OBU}_i \lhd \{\text{ID}_j\}_{\text{pub}_i}}{\text{OBU}_i \lhd \text{ID}_j} \tag{3.20}$$

由假设 $A7$ 和假设 $A11$，应用规则得到

$$\frac{\text{OBU}_i \lhd \{r_j P\}_{\text{PSK}}, r_i, x_i, P_{\text{pub}_i}, P_{\text{pub}_j}, M_2, \text{OBU}_i \mid\equiv \text{OBU}_i \xleftrightarrow{\text{PSK}} \text{OBU}_j}{\text{OBU}_i \mid\equiv \text{OBU}_j \mid\sim M_2} \tag{3.21}$$

由式（3.21）和假设 $A9$，应用规则得到

$$\frac{\text{OBU}_i \mid\equiv \#(r_i, r_j), \text{OBU}_i \mid\equiv \text{OBU}_j \mid\sim M_2}{\text{OBU}_i \mid\equiv \text{OBU}_j \mid\equiv M_2} \tag{3.22}$$

由式（3.22），应用规则得到

$$\frac{\text{OBU}_i \mid\equiv \text{OBU}_j \mid\equiv M_2}{\text{OBU}_i \mid\equiv \text{OBU}_j \mid\equiv \text{ID}_j} \tag{3.23}$$

$$\frac{\text{OBU}_i \mid\equiv \text{OBU}_j \mid\equiv M_2}{\text{OBU}_i \mid\equiv \text{OBU}_j \mid\equiv s} \tag{3.24}$$

由假设 $A9$，应用规则得到

$$\frac{\text{OBU}_i \mid\equiv \#(r_i, r_j)}{\text{OBU}_i \mid\equiv \#(k)} \tag{3.25}$$

由式（3.24）和式（3.25），应用规则得到

$$\frac{\text{OBU}_i \mid\equiv \#(k), \text{OBU}_i \mid\equiv \text{OBU}_j \mid\equiv s}{\text{OBU}_i \mid\equiv \text{OBU}_i \xleftrightarrow{k} \text{OBU}_j} \tag{3.26}$$

由协议理想化③和假设 $A12$，应用规则得到

$$\frac{\mathrm{OBU}_j \lhd \{r_i P\}_{\mathrm{PSK}}, M_3, \mathrm{OBU}_j \mid\equiv \mathrm{OBU}_j \overset{\mathrm{PSK}}{\longleftrightarrow} \mathrm{OBU}_i}{\mathrm{OBU}_j \mid\equiv \mathrm{OBU}_i \mid\sim M_3} \tag{3.27}$$

由式（3.27）和假设 $A9$，应用规则得到

$$\frac{\mathrm{OBU}_j \mid\equiv \#(r_i, r_j), \mathrm{OBU}_j \mid\equiv \mathrm{OBU}_i \mid\sim M_3}{\mathrm{OBU}_j \mid\equiv \mathrm{OBU}_i \mid\equiv M_3} \tag{3.28}$$

由式（3.28），应用规则得到

$$\frac{\mathrm{OBU}_j \mid\equiv \mathrm{OBU}_i \mid\equiv M_3}{\mathrm{OBU}_j \mid\equiv \mathrm{OBU}_i \mid\equiv s} \tag{3.29}$$

由假设 $A10$，应用规则得到

$$\frac{\mathrm{OBU}_j \mid\equiv \#(r_i, r_j)}{\mathrm{OBU}_j \mid\equiv \#(k)} \tag{3.30}$$

由式（3.29）和式（3.30），应用规则得到

$$\frac{\mathrm{OBU}_j \mid\equiv \#(k), \mathrm{OBU}_j \mid\equiv \mathrm{OBU}_i \mid\equiv s}{\mathrm{OBU}_j \mid\equiv \mathrm{OBU}_j \overset{k}{\longleftrightarrow} \mathrm{OBU}_i} \tag{3.31}$$

在式（3.19）和式（3.23）中，OBU_j 相信 OBU_i 已经发送了 M_1 和 OBU_i 相信 OBU_j 发送了 M_2。因为 OBU_j 已经验证了消息 M_1 的正确性，并且 OBU_i 已经验证了消息 M_2 的正确性，所以 OBU_i 和 OBU_j 各自相信对方的身份。在式（3.23）和式（3.24）中，因为 OBU_i 可以使用自己的私钥来检索 ID_j 和计算会话密钥 k，所以 OBU_i 可以通过 ID_j 和 k 来验证 M_2 的正确性。因此，如果 M_2 是正确的，则 OBU_i 相信自己计算出的会话密钥 k。同样，在式（3.31）中，OBU_j 可以通过计算会话密钥 k 来验证 M_3，所以 OBU_j 相信自己计算出的会话密钥 k。根据式（3.19）、式（3.23）、式（3.26）和式（3.31），可得出本节方案的安全通信过程达到了预期目标。

2. 安全性分析

本节对方案中关键的普通认证过程和安全通信过程进行安全性分析。首先介绍安全模型，然后给出基于随机预言模型的形式化的安全性分析和非形式化的安全性分析的具体过程。

1）安全模型

定义双向匿名认证方案的安全模型，方案中敌手 $\mathcal{A}$ 可以通过查询定义的预言查询与参与者进行通信，从而可以模拟攻击者在实际攻击中的行为。在本章提出的方案中，参与者是普通车辆的 OBU 或 LE 车辆。这里用 V_i 表示 OBU，E_i 表示 LE，U 代表所有参与者，即普通车辆的 OBU 和 LE 车辆的集合，U_i^i 表示参与者 U_i 的第 i 个实例。

在随机预言机查询过程中，赋予敌手模拟真实攻击的能力，包括主动攻击和被动攻击。并且通信信道是由敌手 $\mathcal{A}$ 完全控制的，因此敌手 $\mathcal{A}$ 可以拦截、修改、注入和重放信道中的任何信息。敌手 $\mathcal{A}$ 可以执行的所有预言查询如下所示。

$\mathrm{Execute}(V_i^i, U_j^i)$：此预言模拟敌手 $\mathcal{A}$ 的被动攻击能力。执行这个查询将输出一个诚实的协议执行脚本。

$\mathrm{Send}(U_i^i, M)$：此预言模拟敌手 $\mathcal{A}$ 的主动攻击能力。敌手 $\mathcal{A}$ 可以将关于消息 M 的发送请求发送给 U_i^i。当收到这个消息后，U_i^i 继续正常执行协议，然后将计算结果返回给敌手 $\mathcal{A}$。

$\mathrm{Corrupt}(V_i^i)$：此预言模拟敌手 $\mathcal{A}$ 窃取车辆 OBU 中的信息的攻击。执行这个查询，将提取存储在车辆 OBU 中的所有信息返回给敌手 $\mathcal{A}$。

$\mathrm{Reveal}(U_i^i)$：此预言模拟已知密钥攻击。执行这个查询时，如果 U_i^i 已经获得了会话密钥，那么把会话密钥返回给敌手 $\mathcal{A}$；否则，返回 $\perp$。

$\mathrm{Hash}(M)$：此预言模拟敌手 $\mathcal{A}$ 对消息 m 的 Hash 请求。为了能正确地回应请求，需要维护一个存储表 L_h。在收到关于消息 m 的请求后，先检查 L_h 中是否存在记录 (m,r)。若存在，则把 r 返回给敌手 $\mathcal{A}$；否则，选择随机数 r' 返回，并把 (m,r') 添加到 L_h 中。

$\mathrm{Test}(U_i^i)$：此预言模拟敌手 $\mathcal{A}$ 区分真实会话密钥和随机密钥的能力。如果参与者 U_i^i 的会话密钥尚未定义，则返回 $\perp$。否则，选择随机数 $b \in \{0,1\}$，如果 $b=1$，则返回实例 U_i^i 的会话密钥；如果 $b=0$，则返回一个长度相同的随机密钥。

假设敌手 $\mathcal{A}$ 攻击一个协议 P，在执行了 Execute、Send、Reveal、Corrupt 和 Test 查询之后，可以以一个未被执行过 Reveal 查询的新实例请求 Test 查询，并输出一个猜测位 b_0。如果 $b_0 = b$，其中 b 是在 Test 查询中选择的，则认为敌手 $\mathcal{A}$ 赢得了这个试验，以此来定义协议 P 的安全性。用 Succ 表示敌手 $\mathcal{A}$ 赢得了这个试验，则敌手 $\mathcal{A}$ 破坏协议 P 的安全性的优势如下：

$$\mathrm{Adv}_{P,D}(\mathcal{A}) = 2\Pr[\mathrm{Succ}] - 1 \tag{3.32}$$

式中，会话密钥是从密码字典 D 中选择的。

2）形式化的安全性分析

定理 3.1 令 GAP 表示图 3.4 中给出的普通认证过程。令 $|\mathrm{Hash}|$ 和 $|D|$ 分别表示 Hash 函数的空间范围与密码字典 D 的大小。最后，令敌手 $\mathcal{A}$ 表示一个在多项式时间 t 内通过发出 q_{se} 次 Send 查询、q_{ex} 次 Execute 查询和 q_h 次 Hash 查询来攻破 GAP 的语义安全性的敌手。则敌手攻破 GAP 的安全性的优势为

$$\mathrm{Adv}_{\mathrm{GAP},D}(\mathcal{A}) \leqslant \frac{q_h^2}{|\mathrm{Hash}|} + \frac{2q_{\mathrm{se}}}{|D|}$$

证明 为了完成证明，将构建四个试验，其中第一个试验为真实环境中的攻

击。对于每个试验 G_n，我们使用 Succ_n 来表示敌手 $\mathcal{A}$ 成功猜测 Test 查询中 b 值的事件。

试验 G_0：本试验模拟现实环境中的攻击。根据定义，我们有

$$\text{Adv}_{\text{GAP},D}(\mathcal{A}) \leqslant 2\Pr[\text{Succ}_0]-1 \tag{3.33}$$

试验 G_1：在本试验中，用 Execute、Send、Reveal、Corrupt 和 Test 查询来模拟实际的攻击。本试验与试验 G_0 是无法区分的，因此有

$$\Pr[\text{Succ}_1]=\Pr[\text{Succ}_0] \tag{3.34}$$

试验 G_2：本试验执行试验 G_1 中的所有查询，此外阻止 Send 查询和 Hash 查询中发生的所有碰撞。试验中敌手 $\mathcal{A}$ 执行 Send 查询试图去欺骗其他参与者，同时，敌手 $\mathcal{A}$ 也可以执行 Hash 查询去验证是否存在散列冲突。由于传输的消息与参与者的身份、秘密随机数和长期的密钥相关联，并且认证过程只使用了异或操作和 Hash 函数，所以除了 Hash 碰撞没有其他碰撞。由生日悖论可知 Hash 碰撞的概率是 $q_h^2/2|\text{Hash}|$。因此有

$$|\Pr[\text{Succ}_1]-\Pr[\text{Succ}_2]| \leqslant \frac{q_h^2}{2|\text{Hash}|} \tag{3.35}$$

试验 G_3：本试验执行试验 G_2 中所有查询，还对 OBU 执行腐蚀查询。当执行 $\text{Corrupt}(U_i)$ 查询时，存储在 OBU 中的信息 $B_i, C_i, D_i, y_i, Z_i, P_{\text{pub}_i}$ 能够被敌手 $\mathcal{A}$ 提取。然而，这些信息对于计算会话密钥没有帮助，因为仍然需要秘密信息 A_i，并且在没有获得用户口令的情况下，通过密码攻击从 B_i 中获得 A_i 是很困难的。因此，可得

$$|\Pr[\text{Succ}_2]-\Pr[\text{Succ}_3]| \leqslant \frac{q_{\text{se}}}{|D|} \tag{3.36}$$

另外，在试验 G_3 中，敌手 $\mathcal{A}$ 已经没有优势了，只能通过在 Test 查询中猜测 b 来赢得试验，因此有

$$|\Pr[\text{Succ}_3]| \leqslant \frac{1}{2} \tag{3.37}$$

由式（3.34）～式（3.37），可得

$$\begin{aligned}
\left|\Pr[\text{Succ}_0]-\frac{1}{2}\right| &\leqslant |\Pr[\text{Succ}_0]-\Pr[\text{Succ}_3]| \\
&\leqslant |\Pr[\text{Succ}_0]-\Pr[\text{Succ}_1]| + |\Pr[\text{Succ}_1]-\Pr[\text{Succ}_2]| \\
&\quad + |\Pr[\text{Succ}_2]-\Pr[\text{Succ}_3]| \\
&\leqslant \frac{q_h^2}{2|\text{Hash}|}+\frac{q_{\text{se}}}{|D|}
\end{aligned}$$

因此，根据式（3.33），可得

$$\mathrm{Adv}_{\mathrm{GAP},D}(\mathcal{A}) \leqslant \frac{q_h^2}{|\mathrm{Hash}|} + \frac{2q_{\mathrm{se}}}{|D|}$$

定理 3.2　设 G 表示一个素数阶为 p 的群，SCP 表示图 3.5 所示的安全通信过程。令 ℓ 表示身份空间的大小，$|\mathrm{Hash}|$ 和 $|D|$ 表示 Hash 函数的空间范围与密码字典 D 的大小。令敌手 $\mathcal{A}$ 表示一个在多项式时间 t 内通过发出 q_{se} 次 Send 查询、q_{ex} 次 Execute 查询和 q_h 次 Hash 查询来破坏 SCP 的语义安全性的敌手。则敌手破坏 SCP 的安全性的优势为

$$\mathrm{Adv}_{\mathrm{SCP},D}(\mathcal{A}) \leqslant \frac{2(q_{\mathrm{se}}+q_{\mathrm{ex}})}{\ell} + \frac{q_h^2}{|\mathrm{Hash}|} + \frac{2(q_{\mathrm{se}}+q_{\mathrm{ex}})^2}{2p} + \frac{2q_{\mathrm{se}}}{|D|} + 2q_h \mathrm{Adv}_G^{\mathrm{CDH}}[t+(q_{\mathrm{se}}+q_{\mathrm{ex}})t_p]$$

式中，t_p 表示产生一个点所需要的时间。

证明　为了完成证明，将构建七个试验，其中第一个试验为真实环境中的攻击。对于每个试验 G_n，我们使用 Succ_n 来表示敌手成功猜测 Test 查询中的 b 值的事件。

试验 G_0：本试验为真实环境中的攻击，随机选择一个安全密钥 PSK 开始试验。根据定义，我们有

$$\mathrm{Adv}_{\mathrm{SCP},D}(\mathcal{A}) \leqslant 2\Pr[\mathrm{Succ}_0]-1 \tag{3.38}$$

试验 G_1：在本试验中，随机选择一个安全密钥 PSK，支持 Execute、Send、Reveal、Corrupt 和 Test 查询模拟现实环境中的攻击。因为本试验与试验 G_0 是无法区分的，所以有

$$\Pr[\mathrm{Succ}_1] = \Pr[\mathrm{Succ}_0] \tag{3.39}$$

试验 G_2：本试验模拟试验 G_1 中模拟的所有查询。此外，本试验停止模拟敌手对参与者的真实身份执行猜测攻击。在交互过程中每个参与者的真实身份都使用随机数转换为别名（即 $\mathrm{AID_i} = \mathrm{ID}_i \oplus h(r_i P_{\mathrm{pub}_j})$），因此敌手无法确定参与者的真实身份。因为每次交互都会生成不同的别名，并且没有其他消息可以用来验证参与者的真实身份，所以有

$$|\Pr[\mathrm{Succ}_1] - \Pr[\mathrm{Succ}_2]| \leqslant \frac{q_{\mathrm{se}}+q_{\mathrm{ex}}}{\ell} \tag{3.40}$$

试验 G_3：在试验 G_2 中模拟的所有查询同时也在这个试验中被模拟，此外阻止可能发生在消息 $(\mathrm{AID}_i,u_i,M_1),(\mathrm{AID}_j,u_j,M_2),(M_3)$ 的碰撞。由生日悖论可知 Hash 碰撞的概率最高为 $q_h^2/2|\mathrm{Hash}|$。类似地，在脚本中发生碰撞的概率至多是 $(q_{\mathrm{se}}+q_{\mathrm{ex}})^2/2p$。因此有

$$|\Pr[\text{Succ}_2]-\Pr[\text{Succ}_3]|\leqslant\frac{q_h^2}{2|\text{Hash}|}+\frac{(q_{\text{se}}+q_{\text{ex}})^2}{2p} \tag{3.41}$$

试验 G_4：本试验中模拟试验 G_3 中所有的查询，除了对 OBU 的腐蚀查询。当执行 $\text{Corrupt}(U_i)$ 查询时，存储在 OBU 中的信息 B_i、C_i、D_i、y_i、Z_i、P_{pub_i}、E_i 可以被敌手 $\mathcal{A}$ 提取。然而，这些信息对于计算会话密钥是无用的，因为仍然需要安全密钥 PSK、私钥 x_i 和临时产生的秘密随机数，并且在没有获得用户的登录密码 PW_i 的情况下，通过密码攻击从 E_i 和 Z_i 中获得 PSK 与 x_i 是很困难的。因此，可得

$$|\Pr[\text{Succ}_3]-\Pr[\text{Succ}_4]|\leqslant\frac{q_{\text{se}}}{|D|} \tag{3.42}$$

试验 G_5：在本试验中，当执行 Hash 查询时，使用 $k=h'(T\|R\|P_{\text{pub}_i}\|P_{\text{pub}_j})$ 代替原本生成会话密钥时使用的计算方法，使得会话密钥的生成独立于 Hash 查询。因此，除非事件 AskH_6 发生，否则试验 G_5 和 G_4 是无法区分的。其中事件 AskH_6 是敌手 $\mathcal{A}$ 询问了关于消息 $T\|R\|P_{\text{pub}_i}\|P_{\text{pub}_j}\|\text{CDH}(T,P_{\text{pub}_j})+\text{CDH}(R,P_{\text{pub}_i})$ 的 Hash 查询，即是询问了消息 $T\|R\|P_{\text{pub}_i}\|P_{\text{pub}_j}\|s$ 的查询。在此试验中，无论在 Test 查询中选择的 b 为何值，响应都是独立于所有协议的，因为它是一个随机值。因此有

$$|\Pr[\text{Succ}_5]|\leqslant\frac{1}{2} \tag{3.43}$$

试验 G_6：本试验模拟给定实例 (A,B) 下的 CDH 自归约执行过程。随机选择 α、β、γ、$\varphi\in Z_p^*$，并且令 $T=\alpha A-\text{PSK}\cdot P$、$R=\beta A-\text{PSK}\cdot P$、$P_{\text{pub}_i}=\gamma B$ 和 $P_{\text{pub}_j}=\varphi\cdot B$。由试验 G_5 可知 AskH_6 发生意味着敌手 $\mathcal{A}$ 已经发起过 $T\|R\|Y$ 的 Hash 查询，其中 $Y=\text{CDH}(T,P_{\text{pub}_j})+\text{CDH}(R,P_{\text{pub}_i})$。因此可得 $\Pr[\text{AskH}_6]=\Pr[\text{Succ}_6]$。根据

$$\text{CDH}(T,P_{\text{pub}_j})=\alpha\varphi\text{CDH}(A,B)-\varphi\text{PSK}\cdot B$$

$$\text{CDH}(R,P_{\text{pub}_i})=\beta\gamma\text{CDH}(A,B)-\gamma\text{PSK}\cdot B$$

可得

$$\text{CDH}(T,P_{\text{pub}_j})+\text{CDH}(R,P_{\text{pub}_i})=(\alpha\varphi+\beta\gamma)\text{CDH}(A,B)-(\varphi+\gamma)\text{PSK}\cdot B \tag{3.44}$$

如果敌手 $\mathcal{A}$ 知道由 $(\alpha A,\beta A,\text{PSK}\cdot P,\gamma B,\varphi B)$ 构造的会话密钥 k，则它一定发起过 $T\|R\|P_{\text{pub}_i}\|P_{\text{pub}_j}\|s$ 的 Hash 查询并且已经记录在列表 L_h 中。因此，可以得出

$$|\Pr[\text{Succ}_6]|\leqslant q_h\text{Adv}_G^{\text{CDH}}[t+(q_{\text{se}}+q_{\text{ex}})t_p] \tag{3.45}$$

由式（3.39）～式（3.45），我们有

$$
\begin{aligned}
|\Pr[\mathrm{Succ}_0]-\frac{1}{2}| &= |\Pr[\mathrm{Succ}_0]-\Pr[\mathrm{Succ}_5]| \\
&\leqslant |\Pr[\mathrm{Succ}_0]-\Pr[\mathrm{Succ}_1]+|\Pr[\mathrm{Succ}_1]-\Pr[\mathrm{Succ}_2]|+|\Pr[\mathrm{Succ}_2]-\Pr[\mathrm{Succ}_3]| \\
&\leqslant |\Pr[\mathrm{Succ}_3]-\Pr[\mathrm{Succ}_4]|+|\Pr[\mathrm{Succ}_4]-\Pr[\mathrm{Succ}_5]| \\
&\leqslant \frac{q_{\mathrm{se}}+q_{\mathrm{ex}}}{\ell}+\frac{q_h^2}{2|\mathrm{Hash}|}+\frac{(q_{\mathrm{se}}+q_{\mathrm{ex}})^2}{2p} \\
&\quad +\frac{q_{\mathrm{se}}}{|D|}+q_h\mathrm{Adv}_G^{\mathrm{CDH}}[t+(q_{\mathrm{se}}+q_{\mathrm{ex}})t_p]
\end{aligned}
$$

因此，根据式（3.38），可得

$$
\begin{aligned}
\mathrm{Adv}_{\mathrm{SCP},D}(\mathcal{A}) \leqslant & \frac{2(q_{\mathrm{se}}+q_{\mathrm{ex}})}{\ell}+\frac{q_h^2}{|\mathrm{Hash}|}+\frac{2(q_{\mathrm{se}}+q_{\mathrm{ex}})^2}{2p}+\frac{2q_{\mathrm{se}}}{|D|} \\
& +2q_h\mathrm{Adv}_G^{\mathrm{ECCDH}}[t+(q_{\mathrm{se}}+q_{\mathrm{ex}})t_p]
\end{aligned}
$$

3）非形式化的安全性分析

（1）会话密钥的保密性。在本节方案中，执行认证、安全通信和密钥更新过程生成的会话密钥都使用了由两方参与者选择的两个随机数，而且每次交互过程参与者都重新选择随机数，所以敌手 $\mathcal{A}$ 很难成功地猜测会话密钥或者从网络中传输的消息中计算出会话密钥。因此，本节方案具有良好的会话密钥保密性。

（2）身份匿名。在本节方案中，为了保护用户的隐私，每个参与者的真实身份都与随机数 r_i 的 Hash 值做异或运算转换为别名（即 $\mathrm{AID}_i=\mathrm{ID}_i\oplus h(r_i)$，$\mathrm{AID}_i=\mathrm{ID}_i\oplus h(r_iP_{\mathrm{pub}_j})$）。因此，由于 CDH 问题是困难问题，即使敌手获得了信息 T，在没有随机数 r_i 或私钥 x_i 的情况下也不能确定参与者的真实身份。所以，本节方案实现了身份匿名。

（3）不可连接性。在本节方案中，每次交互参与者都重新选择随机数把车辆的真实身份转换成新的别名，因此认证、安全通信和密钥更新这三个阶段是相互独立的。同时，每次 OBU_i 执行完认证过程之后，存储在 OBU 中的信息 C_i 都将被更新。因此对于由同一用户发送的两个或多个认证消息，敌手 $\mathcal{A}$ 不能确定它们是否具有相同的来源。所以，攻击者不能通过拦截网络中传输的消息来跟踪用户的位置，本节方案实现了消息的不可连接性。

（4）抵抗假冒攻击。在本节方案的认证过程中，如果敌手想要假冒 OBU_i，就需要获得存储在 OBU_i 中的 A_i 和 ID_i，否则无法计算出有效的认证请求。由于 OBU_i 的真实身份通过与随机数 r_i 进行异或操作转化为了一个别名，而随机数 r_i 却被其 A_i 隐藏起来，因此攻击者只有通过正确猜测随机数才能成功地假冒 OBU_i，但是每

次交互 OBU_i 都重新选择随机数，所以这是很困难的。另外，在安全通信过程中，OBU_i 的真实身份也通过随机数 r_i 转换成了别名（$AID_i = ID_i \oplus h(r_i P_{pub_j})$），并且每次交互 OBU_i 都重新选择随机数，因此攻击者假冒 OBU_i 是几乎不可能的。所以，本节方案可抵抗假冒攻击。

（5）抵抗内部攻击。在本节方案中，内部攻击是指拥有安全密钥 PSK 的可信车辆试图破解其他可信车辆在安全通信过程中生成的会话密钥或者真实身份的情况。在本节方案的安全通信过程中，即使攻击者可以拦截 OBU_i 的所有交换消息 (AID_i, u_i) 和 OBU_j 的所有交换消息 (AID_j, u_j)，并使用安全密钥 PSK 计算出 T 和 R，但是由于 CDH 问题是难题，所以攻击者也不能确定用户的真实身份或者计算出会话密钥 k。因此，本节方案可抵抗内部攻击。

3. 性能分析

在本节方案中，认证的过程只基于异或运算和 Hash 函数，因此计算开销较低。为了证明本节方案的性能，我们将关键的安全通信过程与现有的具有会话密钥协商的安全通信方案进行了比较。同时我们利用密码学库模拟了方案，并给出了执行时间的具体比较。最后，我们对这些方案的安全特性进行了比较。

我们基于 OpenSSL 库和 JBPC 库，在具体配置为 Intel（R）Core（TM）i7-6500 U CPU@2.50GHz，内存为 4.00GB，操作系统为 Windows 10 的计算机上进行了试验。由于消息的传输时间与具体的网络结构有关，所以在性能比较中没有考虑传输时间。相关操作的试验结果如表 3.2 所示，表 3.2 中相关符号定义如下所示。

T_h：Hash 函数的执行时间。

T_{bp}：双线性映射运算的执行时间。

T_{mul}：椭圆曲线上倍点运算的执行时间。

T_{add}：椭圆曲线上点加运算的执行时间。

表 3.2　基本操作的执行时间

基本运算	T_h	T_{mul}	T_{bp}	T_{add}
执行时间/ms	0.004	0.326	6.28	0.038

表 3.3 中详细地比较了每个方案的理论计算开销和总执行时间。从表 3.3 和图 3.6 可以看出，与 Zheng 等[4]的方案和 Ruan 等[5]的方案相比，本节方案因为没有使用双线性映射运算，在性能上具有明显优势。虽然 Chuang 和 Lee[1]的方案与 Kumari 等[2]的方案的执行时间少于本节方案的执行时间，但是从表 3.4 可知这两个

方案没有实现匿名和抵抗内部攻击。因为在 Chuang 和 Lee[1]的方案与 Kumari 等[2]的方案中，参与者在通信过程中生成的假名只依赖于用预共享密钥（pre shared key，PSK）隐藏的随机数，所以拥有 PSK 的所有可信车辆都可以计算出随机数，从而得到参与者的真实身份，因此没有实现匿名和抵抗内部攻击。同时，因为 Porambage 等[3]的方案使用了证书参与认证，所以消息的不可连接性和用户的身份匿名性不能实现。因此，与现有的相似方案相比，在权衡安全和效率的情况下，本节方案在性能和安全性方面都具有一定的优势。

表 3.3　计算开销比较

方案	理论计算开销	总执行时间/ms
Chuang 和 Lee[1]的方案	$8\,T_{\mathrm{h}}$	≈0.032
Kumari 等[2]的方案	$10\,T_{\mathrm{h}}$	≈0.04
Porambage 等[3]的方案	$4\,T_{\mathrm{h}}+4\,T_{\mathrm{mul}}+2\,T_{\mathrm{add}}$	≈1.838
Zheng 等[4]的方案	$10\,T_{\mathrm{h}}+6\,T_{\mathrm{mul}}+2\,T_{\mathrm{bp}}+4\,T_{\mathrm{add}}$	≈14.7
Ruan 等[5]的方案	$10\,T_{\mathrm{h}}+6\,T_{\mathrm{mul}}+2\,T_{\mathrm{bp}}+4\,T_{\mathrm{add}}$	≈14.7
本节方案	$12\,T_{\mathrm{h}}+10\,T_{\mathrm{mul}}+6\,T_{\mathrm{add}}$	≈3.54

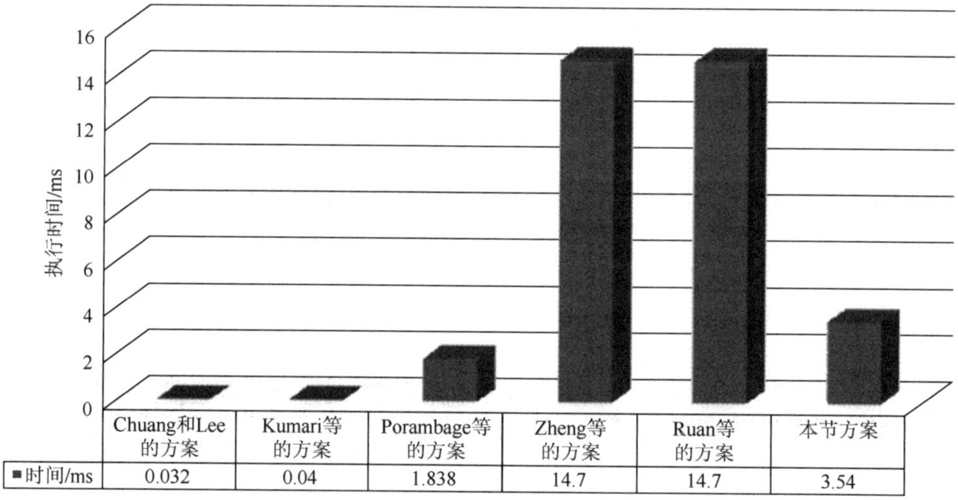

图 3.6　不同认证协议的执行时间对比图

表 3.4　安全特性比较

方案	匿名性	条件可追踪	抗假冒攻击	抵抗内部攻击	不可连接性
Chuang 和 Lee[1]的方案	×	×	✓	×	×
Kumari 等[2]的方案	×	×	✓	×	✓

续表

方案	匿名性	条件可追踪	抗假冒攻击	抵抗内部攻击	不可连接性
Porambage 等[3]的方案	×	×	✓	✓	×
Zheng 等[4]的方案	×	×	×	✓	✓
Ruan 等[5]的方案	×	×	✓	✓	✓
本节方案	✓	✓	✓	✓	✓

3.2　带可控连接的匿名认证

随着基础设施的互联互通，车联网在智能城市起着越来越重要的作用。但是与其他无线通信类似，车联网也容易受到各种攻击。除了确保静态数据和传输数据的安全性，需要保护敏感数据和车联网中用户的隐私。许多现有的车联网身份认证方案并不是为了保护用户和服务提供商之间隐私而设计的，例如，在不侵犯用户隐私的情况下挖掘用户数据，提供个性化服务。可控连接性可很好地平衡用户和服务提供商的隐私需求，既可以判断两个消息签名是否由同一个签名者生成，又可以保持签名者的匿名性。这样的功能对于提供个性化服务非常有用。本节为了平衡用户和服务提供商的隐私需求，提出一种带有可控连接的匿名认证方案。该方案实现了身份匿名、门限认证、消息不可伪造和可控连接等安全特性。

3.2.1　系统模型

本节方案包括 CA、服务提供商（service provider，SP）、路侧单元（road side unit，RSU）和 OBU 四个实体，系统模型如图 3.7 所示。CA 主要负责 RSU 和 OBU 的注册和为其发布相应的公钥证书。此外，CA 能够揭露在网络中发送恶意消息的签名者的真实身份。SP 主要负责为车辆提供个性化服务，因为它们拥有一个连接密钥，所以能判断两条签名消息是否由同一个签名者生成。在车联网中，RSU 沿着交通路线密集分布，扮演一个群管理员，管理在其通信范围内的所有的 OBU，并为每个进入其通信范围内的 OBU 颁发群证书。这里需要注意的是如果 OBU 存在于 CA 发布的撤销列表中，RSU 则不会向其颁发群证书。当 OBU 获得群证书后，可与自己的私钥一起签发消息。同时，OBU 可以自己验证收到的签名消息。

在本节方案中，假设 CA 是完全诚实的，而 SP 和 RSU 则被认为是半诚实的（即诚实但好奇），它们会诚实地执行协议并且不会与他人勾结。但是，SP 和 RSU 会好奇用户的身份信息，因此可能发起被动攻击，如收集签名消息和其他信

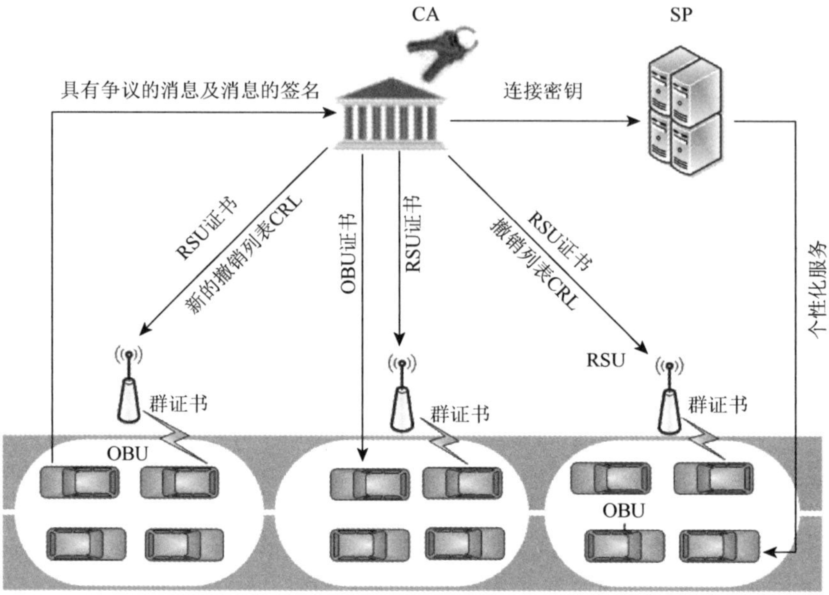

图 3.7　系统模型

息。诚实的 OBU 只有当它们收到关于某条消息由不同签名者签发的有效签名的数量大于预设的门限值时，才会接收消息，即门限认证。但是，OBU 也可能是恶意的，它们可能会尝试通过发起被动或主动攻击来获取用户的身份信息或者跟踪用户，如它们可以在未被检测情况下尝试广播许多伪造的签名信息或与其他 OBU 相互勾结。

3.2.2　方案具体构造

方案由系统初始化、注册、OBU 加入、消息签名、门限认证、消息连接和身份追踪七个阶段组成。首先，CA 执行系统初始化阶段为自己生成密钥对和整个系统的公共参数。在每个 RSU 和 OBU 加入网络之前，需要向 CA 注册，生成自己公私钥对并从 CA 处获得相应的公钥证书。RSU 部署在道路上的关键点处，具有一定的无线电覆盖范围。当 OBU 进入一个新的 RSU 的通信范围时，它们可以与 RSU 执行 OBU 加入阶段从 RSU 获得相应的群证书。然后，OBU 就可以执行消息签名阶段来广播消息，同时也可以执行门限认证阶段来验证接收到的消息和签名。为了解决争端信息，CA 可以执行身份追踪阶段揭露一个有效的签名消息的签名者的真实身份。为了提供个性化服务，SP 可以执行消息连接阶段检查两个给定的签名和消息是否由同一发送者发送。为了方便，首先介绍本节方案的符号和定义，如表 3.5 所示。

表 3.5　符号和定义

符号	定义
q	一个安全的大素数
G_1,G_2,G_3	三个不同的素数阶为 q 的循环加法群
P_1,P_2	群 G_1 的生成元
$\tilde{P}_1$	群 G_2 的生成元
x_{ca}	CA 用于签发证书的私钥
x_{tm}	CA 用于追踪的私钥
x_{rsu}	RSU 的私钥
x_{obu}	OBU 的私钥
P_{link}	服务提供商的可控连接密钥
$(P_{\text{ca}},\tilde{P}_{\text{ca}},\tilde{P}_{\text{tm}})$	CA 的公钥
$\tilde{P}_{\text{rsu}}$	RSU 的公钥
P_{obu}	OBU 的公钥
Z_q^*	包括 $\{0,1,\cdots,p-1\}$ 中所有素数的集合
H_1	一个映射到 G_1 的安全的 Hash 函数
H_2	一个映射到 Z_q^* 的安全的 Hash 函数
τ	消息签名

1. 系统初始化阶段

在这个阶段，CA 为自己生成密钥对和整个系统的公共参数，详细过程如下。

（1）首先，CA 为整个系统的公共参数，包括选择三个素数阶为 q 的循环加法群 G_1、G_2、G_3，群 G_1 的生成元 P_1、P_2，群 G_2 的生成元 $\tilde{P}_1$，两个 Hash 函数 $H_1(\cdot):\{0,1\}^* \to G_1$，$H_2(\cdot):\{0,1\}^* \to Z_q^*$ 和双线性对 $e:G_1 \times G_2 \to G_3$。

（2）其次，CA 选择随机数 $x_{\text{ca}},x_{\text{tm}} \in Z_q^*$，并计算 $P_{\text{ca}} = x_{\text{ca}}P_1$、$\tilde{P}_{\text{ca}} = x_{\text{ca}}\tilde{P}_1$ 和 $\tilde{P}_{\text{tm}} = x_{\text{tm}}\tilde{P}_1$，$P_{\text{link}} = -x_{\text{tm}}P_1$。最后，CA 设置 P_{link} 为可控连接密钥，$(P_{\text{ca}},\tilde{P}_{\text{ca}},\tilde{P}_{\text{tm}})$ 为自己的公钥，然后保存 $(x_{\text{ca}},x_{\text{tm}})$ 作为自己的私钥。

（3）最后，可信中心 CA 公布公共参数集合：

$\text{parameters} = \{q,P_1,P_2,\tilde{P}_1,G_1,G_2,e,H_1,H_2,P_{\text{ta}},\tilde{P}_{\text{ta}},\tilde{P}_{\text{tm}}\}$。

2. 注册阶段

本节方案的注册阶段包括 RSU 注册和 OBU 注册。

1）RSU 注册

（1）RSU 选择一个随机数 $x_{\mathrm{rsu}} \in Z_q^*$ 作为自己的私钥，并计算 $\tilde{P}_{\mathrm{rsu}} = x_{\mathrm{rsu}}\tilde{P}_1$ 作为自己的公钥。

（2）RSU 通过安全渠道把 $\tilde{P}_{\mathrm{rsu}}$ 发送给 CA。当 CA 接收到 RSU 发给它的消息时，CA 为其发布一个公钥证书 $\mathrm{cert}_{\mathrm{rsu}}$，然后把公钥证书 $\mathrm{cert}_{\mathrm{rsu}}$ 和当前的撤销列表 $\mathrm{CRL}\,[(\mathrm{cert}_{\mathrm{obu\_1}},\tilde{P}'_{\mathrm{obu\_1}}),(\mathrm{cert}_{\mathrm{obu\_2}},\tilde{P}'_{\mathrm{obu\_2}}),\cdots,(\mathrm{cert}_{\mathrm{obu\_}n},\tilde{P}'_{\mathrm{obu\_}n})]$ 发送给 RSU。

2）OBU 注册

（1）OBU 选择一个随机数 $x_{\mathrm{obu}} \in Z_q^*$ 作为自己的私钥，并计算 $P_{\mathrm{obu}} = x_{\mathrm{obu}}P_1$ 作为自己的公钥。

（2）然后，OBU 通过安全渠道把 P_{obu} 和 $\tilde{P}_{\mathrm{obu}} = x_{\mathrm{obu}}\tilde{P}_1$ 发送给 CA。当 CA 接收到 OBU 发送给它的消息时，CA 验证等式 $e(P_{\mathrm{obu}},\tilde{P}_1)=e(P_1,\tilde{P}_{\mathrm{obu}})$ 是否成立，如果成立，CA 为其发布一个公钥证书 $\mathrm{cert}_{\mathrm{obu}}$，并把 $\mathrm{cert}_{\mathrm{obu}}$ 发送给 OBU。最后，CA 把 $(\mathrm{cert}_{\mathrm{obu}},\tilde{P}_{\mathrm{obu}})$ 记录到用户列表中。

3. OBU 加入阶段

当 OBU_i 驶入一个新的 RSU 的通信范围时，与 RSU 执行此交互过程，具体过程如下所示。

（1）OBU_i 首先发送一个请求消息去获取 RSU 的公钥。

（2）当 RSU 接收到请求消息后，RSU 把自己的证书和公钥 $(\mathrm{cert}_{\mathrm{rsu}},\tilde{P}_{\mathrm{rsu}})$ 一起发送给 OBU_i。

（3）当 OBU_i 接收到回复消息后，OBU_i 首先验证 $(\mathrm{cert}_{\mathrm{rsu}},\tilde{P}_{\mathrm{rsu}})$ 是否有效。如果无效，OBU_i 再次发送一个请求消息；否则，OBU_i 选择两个随机数 $k,n \in Z_q^*$，并计算 $P'_{\mathrm{obu}} = x_{\mathrm{obu}}P_{\mathrm{ca}}$。然后，$\mathrm{OBU}_i$ 用 $\tilde{P}_{\mathrm{rsu}}$ 加密 P'_{obu}，其加密过程是计算 $k\tilde{P}_{\mathrm{rsu}} = (x_1,y_1)$ 和 $C_{\mathrm{obu}} = (k\tilde{P}_1, P'_{\mathrm{obu}} + x_1P_1)$。最后，$\mathrm{OBU}_i$ 把 $(\mathrm{cert}_{\mathrm{obu}},P_{\mathrm{obu}},C_{\mathrm{obu}},n)$ 发送给 RSU，其中 n 是从 Z_q^* 中选择的一个随机数。

（4）当接收到消息 $(\mathrm{cert}_{\mathrm{obu}},P_{\mathrm{obu}},C_{\mathrm{obu}},n)$ 后，RSU 用自己的私钥 x_{rsu} 解密 C_{obu} 获得 P'_{obu}，并检查 $\mathrm{cert}_{\mathrm{obu}}$ 是否存在于撤销列表 CRL 中。然后验证等式 $e(P_{\mathrm{obu}},\tilde{P}_{\mathrm{ca}}) = e(P'_{\mathrm{obu}},\tilde{P}_1)$ 是否成立。如果不成立，结束这个过程；否则，RSU 选择两个随机数 r，$t \in Z_q^*$，并计算群证书 $\mathrm{cert}_g = (c_1,c_2)$，其中 $c_1 = x_{\mathrm{rsu}}P_2 - r(P'_{\mathrm{obu}})$，$c_2 = rP_1$。最后，RSU 添加 OBU_i 的证书 $\mathrm{cert}_{\mathrm{obu}}$ 到成员列表 ML 中，并利用 OBU_i 的公钥 P_{obu} 去加密群证书 cert_g，其加密过程是计算 $tP_{\mathrm{obu}} = (x_2,y_2)$ 和 $C_{\mathrm{rsu}} = (tP_1, c_2 + x_2P_1, c_1 + x_2P_1)$，然后

发送 $(C_{\text{rsu}},n,\text{CRL}_{\text{rsu}})$ 给 OBU_i，这里的 CRL_{rsu} 是最近从 CRL 中筛选出来的，并且满足 cert_{obu} 存在于 ML 中。

（5）当 OBU_i 收到消息 $(C_{\text{rsu}},n,\text{CRL}_{\text{rsu}})$ 时，OBU_i 用自己的私钥 x_{obu} 去解密密文 C_{rsu} 得到证书 cert_g，然后验证等式 $e(c_1,\tilde{P}_1)\cdot e(x_{\text{obu}}c_2,\tilde{P}_{\text{ca}})=e(P_2,\tilde{P}_{\text{rsu}})$ 是否成立。如果成立，则 OBU_i 接受群签名 $\text{cert}_g=(c_1,c_2)$；否则，OBU_i 再次发送请求消息。

4. 消息签名阶段

OBU_i 对消息 m 签名的具体生成过程如下所示。

（1）OBU_i 选择随机数 r'，α，$s\in Z_q^*$。

（2）随机化群证书，计算 $\tau_1=c_1-r'(x_{\text{obu}}P_{\text{ca}})$ 和 $\tau_2=c_2+r'P_1$。

（3）为了实现追踪，加密 $\tilde{P}_{\text{obu}}$ 得到 $\tilde{\tau}_3=\alpha\cdot\tilde{P}_1$，$\tilde{\tau}_4=x_{\text{obu}}\cdot\tilde{P}_1+\alpha\cdot\tilde{P}_{\text{tm}}$。

（4）捆绑消息 (τ_1,τ_2) 和 $(\tilde{\tau}_3,\tilde{\tau}_4)$，计算 $\tau_5=x_{\text{obu}}\cdot\tau_2$ 和 $\tau_6=\alpha\cdot\tau_2$。

（5）计算 $\tau_7=x_{\text{obu}}H_1(m)$，其中 τ_7 用于验证关于同一消息的两个不同签名是否由同一 OBU 生成，即 τ_7 的功能是实现门限认证。

（6）捆绑上面生成的所有值作为消息签名证据，计算 $S_1=s\cdot\tau_2$，$S_2=s\cdot H_1(m)$，$\tau_8=H_2(m\|\tau_1\|\cdots\|\tau_7\|S_1\|S_2)$，$\tau_9=s-\tau_8x_{\text{obu}}$。

（7）令 $\tau=\{\tau_1,\tau_2,\tilde{\tau}_3,\tilde{\tau}_4,\tau_5,\tau_6,\tau_7,\tau_8,\tau_9\}$，并广播 (m,τ)。

5. 门限认证阶段

当 OBU_j 收到消息 m 和签名 $\tau=\{\tau_1,\tau_2,\tilde{\tau}_3,\tilde{\tau}_4,\tau_5,\tau_6,\tau_7,\tau_8,\tau_9\}$ 时，OBU_j 用撤销列表 CRL_{rsu} 和公钥 $(\tilde{P}_{\text{ca}},\tilde{P}_{\text{tm}},\tilde{P}_{\text{rsu}})$ 按下面的步骤验证签名的有效性，这里 CRL_{rsu} 是在 RSU 范围内所有已被撤销的 OBU 的集合。

1）签名验证

如果下面的等式都成立，则消息签名 (m,τ) 是有效的，具体的验证等式如下所示。

（1）$e(\tau_1,\tilde{P}_1)\cdot e(\tau_5,\tilde{P}_{\text{ca}})=e(P_2,\tilde{P}_{\text{rsu}})$。

（2）$e(\tau_2,\tilde{\tau}_3+\tilde{\tau}_4)=e(\tau_5,\tilde{P}_1)\cdot e(\tau_6,\tilde{P}_{\text{tm}}+\tilde{P}_1)$。

（3）$\tau_8=H_2(m\|\tau_1\|\cdots\|\tau_7\|\tau_9\tau_2+\tau_8\tau_5\|\tau_9H_1(m)+\tau_8\cdot\tau_7)$。

2）撤销验证

撤销验证是验证消息的签名者是否已被撤销。步骤如下：对于所有 $\tilde{P}'_{\text{obu}\_i}\in\text{CRL}_{\text{rsu}}$，验证是否存在 $\tilde{P}'_{\text{obu}\_i}$，使等式 $e(\tau_1,\tilde{P}_1)\cdot e(\tau_2,\tilde{P}'_{\text{obu}\_i})\neq e(P_2,\tilde{P}_{\text{rsu}})$ 成立。若存在，则消息的签名者已被撤销。

只有当签名验证和撤销验证同时通过时，OBU_j 才认为这个消息是有效的，当 OBU_j 收到来自不同车辆生成的关于消息 m 的有效签名达到足够数量时，OBU_j 才相信消息 m。

另外，OBU_j 可以利用批验证同时验证多个消息签名 $\{m_1,\tau^1\},\{m_2,\tau^2\},\cdots,\{m_n,\tau^n\}$ 来减少双线性对操作，步骤如下所示。

（1）$e\left(\sum_{i=1}^{n}\tau_1^i,\tilde{P}_1\right)\cdot e\left(\sum_{i=1}^{n}\tau_5^i,\tilde{P}_{\mathrm{ca}}\right)=e(P_2,\tilde{P}_{\mathrm{rsu}})$。

（2）$\prod_{i=1}^{n}e(\tau_2^i,\tilde{\tau}_3^i+\tilde{\tau}_4^i)=e\left(\sum_{i=1}^{n}\tau_5^i,\tilde{P}_1\right)\cdot e\left(\sum_{i=1}^{n}\tau_6^i,\tilde{P}_{\mathrm{tm}}+\tilde{P}_1\right)$。

6. 消息连接阶段

服务提供商 SP 用连接密钥 P_{link} 验证两个签名消息 (m',τ') 和 (m'',τ'') 是否存在连接性，具体步骤如下所示。

（1）首先执行验证过程验证两个签名消息 (m',τ') 和 (m'',τ'') 是否有效。

（2）如果存在签名消息验证不通过，则输出 ⊥；否则，验证等式 $e(P_{\mathrm{link}},\tilde{\tau}_3')\cdot e(P_1,\tilde{\tau}_4')=e(P_{\mathrm{link}},\tilde{\tau}_3'')\cdot e(P_1,\tilde{\tau}_4'')$ 是否成立。如果成立，则输出 1（两个签名消息存在连接性），否则输出 0（两个签名消息不存在连接性）。

7. 身份追踪阶段

当 CA 收到具有争议的消息签名 (m,τ) 的举报后，用自己的私钥 x_{tm} 揭露消息签名者的真实身份，并更新撤销列表 CRL，然后发送给每个 RSU。详细的步骤如下所示。

（1）首先，CA 用私钥 x_{tm} 计算签名消息的签名者的身份 $\tilde{P}_{\mathrm{obu}}=\tilde{\tau}_4-x_{\mathrm{tm}}\tilde{\tau}_3$。

（2）其次，CA 在用户列表中查找签名者的证书 $\mathrm{cert}_{\mathrm{obu}}$，并计算 $\tilde{P}_{\mathrm{obu}}'=x_{\mathrm{ca}}\tilde{P}_{\mathrm{obu}}$。

（3）最后，CA 把 $(\mathrm{cert}_{\mathrm{obu}},\tilde{P}_{\mathrm{obu}}')$ 记录到撤销列表 CRL 中，并把 CRL 发送给每个 RSU。

3.2.3　方案分析

1. 正确性分析

定理 3.3　在本节方案中，OBU 生成的签名可以被有效地验证和正确地追踪。

证明　如果 OBU 诚实地生成签名，则可以通过下面的等式验证：

$$\begin{aligned}e(\tau_1,\tilde{P}_1)\cdot e(\tau_5,\tilde{P}_{\mathrm{ca}})&=e[x_{\mathrm{rsu}}P_2-(r+r')(x_{\mathrm{ca}}P_{\mathrm{obu}}),\tilde{P}_1]\cdot e[(r+r')P_{\mathrm{obu}},x_{\mathrm{ca}}\tilde{P}_1]\\&=e(x_{\mathrm{rsu}}P_2,\tilde{P}_1)\cdot e[-(r+r')(x_{\mathrm{ca}}P_{\mathrm{obu}}),\tilde{P}_1]\cdot e[(r+r')(x_{\mathrm{ca}}P_{\mathrm{obu}}),\tilde{P}_1]\\&=e(P_2,\tilde{P}_{\mathrm{rsu}})\end{aligned}$$

$$\begin{aligned} e(\tau_2,\tilde{\tau}_3+\tilde{\tau}_4) &= e(\tau_2,\alpha\tilde{P}_1+x_{\text{obu}}\tilde{P}_1+\alpha\tilde{P}_{\text{tm}}) \\ &= e(\tau_2,\alpha\tilde{P}_1)\cdot e(\tau_2,x_{\text{obu}}\tilde{P}_1)\cdot e(\tau_2,\alpha\tilde{P}_{\text{tm}}) \\ &= e(\tau_6,\tilde{P}_1)\cdot e(\tau_5,\tilde{P}_1)\cdot e(\tau_6,\tilde{P}_{\text{tm}}) \\ &= e(\tau_5,\tilde{P}_1)\cdot e(\tau_6,\tilde{P}_{\text{tm}}+\tilde{P}_1) \end{aligned}$$

$$s\cdot\tau_2=(\tau_9+\tau_8 x_{\text{obu}})\tau_2=\tau_9\tau_2+\tau_8\tau_5$$

$$s\cdot H_1(m)=(\tau_9+\tau_8 x_{\text{obu}})H_1(m)=\tau_9 H_1(m)+\tau_8\tau_7$$

如果 OBU 诚实地生成签名，则 CA 可以通过下面的等式正确地追踪签名者的身份：

$$\tilde{P}_{\text{obu}}=\tilde{\tau}_4-x_{\text{tm}}\tilde{\tau}_3=x_{\text{obu}}\cdot\tilde{P}_1+\alpha\cdot\tilde{P}_{\text{tm}}-\alpha\cdot x_{\text{tm}}\tilde{P}_1$$

因此，OBU 和 RSU 必然能用公钥 $(\tilde{P}_{\text{ca}},\tilde{P}_{\text{tm}},\tilde{P}_{\text{rsu}})$ 验证收到的签名是否有效。CA 也能用私钥 x_{tm} 正确地追踪签名者的真实身份。

2. 安全性分析

本节将基于随机预言机模型证明本节方案满足不可伪造性和匿名性，然后分析本节方案满足门限认证、可控连接性、不可否认性和条件可追踪性。

1）不可伪造性

为了证明本节方案满足不可伪造性，我们需要证明在不知道群成员私钥 x_{obu} 或者群证书 $\text{cert}_g=(c_1,c_2)$ 的情况下，敌手 $\mathcal{A}$ 无法生成任何有效的签名。

定理 3.4　如果 eCDH 难题不能解决，则本节方案满足不可伪造性。

证明　我们采用反证法，即证明如果存在一个敌手 $\mathcal{A}$ 能以不可忽略的概率 ε 破坏本节方案的不可伪造性，则一定存在一个算法 $\mathcal{B}$ 能解决 eCDH 难题，并且概率也是不可忽略的。在本节方案中，证明不可伪造性分为两种情况：一种是群成员的私钥对算法 $\mathcal{B}$ 是已知的，而对应的群证书是未知的；另一种是群证书对算法 $\mathcal{B}$ 是已知的，但是群成员的私钥是未知的。

情况 1：算法 $\mathcal{B}$ 在知道群成员的私钥而不知道对应的群证书的情况下解决 eCDH 难题。由 eCDH 难题的定义可知，算法 $\mathcal{B}$ 已知的值是 $(P,aP,bP,\tilde{P},a\tilde{P})$，算法 $\mathcal{B}$ 的目标是输出 abP。

算法 $\mathcal{B}$ 生成系统参数。算法 $\mathcal{B}$ 设置 $P_1=aP$，$\tilde{P}_1=a\tilde{P}$，$P_2=bP$，$P_{\text{ca}}=w(aP)=wP_1$，$\tilde{P}_{\text{ca}}=w(a\tilde{P})=w\tilde{P}_1$，$\tilde{P}_{\text{tm}}=x_{\text{tm}}\tilde{P}_1$，$P_{\text{link}}=x_{\text{tm}}P_1$，其中 w，$x_{\text{tm}}\in Z_q^*$ 是随机数。接下来，算法 $\mathcal{B}$ 可以通过执行以下查询与敌手 $\mathcal{A}$ 进行交互。

（1）OBU 公钥查询：当敌手 $\mathcal{A}$ 查询 OBU 的公钥时，算法 $\mathcal{B}$ 返回 $P_{\text{obu}}=x_{\text{obu}}P_1$ 给敌手 $\mathcal{A}$，其中 x_{obu} 是从 Z_q^* 中随机选择的。

（2）RSU 公钥查询：当敌手 $\mathcal{A}$ 查询 RSU 的公钥时，算法 $\mathcal{B}$ 决定此公钥是否为目标 RSU 的公钥。如果是目标公钥，则算法 $\mathcal{B}$ 计算 $\tilde{P}_{\text{rsu}} = a\tilde{P} = x_{\text{rsu}}\tilde{P}_1$，否则 $\tilde{P}_{\text{rsu}} = x_{\text{rsu}}\tilde{P}_1$，其中 x_{rsu} 是从 Z_q^* 中选择的随机数。最后算法 $\mathcal{B}$ 返回 $\tilde{P}_{\text{rsu}}$ 给敌手 $\mathcal{A}$。

（3）OBU 私钥查询：当敌手 $\mathcal{A}$ 查询公钥 P_{obu} 对应的私钥时，算法 $\mathcal{B}$ 把对应的私钥 x_{obu} 返回给敌手 $\mathcal{A}$。

（4）签名查询：当敌手 $\mathcal{A}$ 输入消息 m、OBU 公钥 P_{obu} 和 RSU 公钥 $\tilde{P}_{\text{rsu}}$，查询对应的签名时，算法 $\mathcal{B}$ 首先判断 $\tilde{P}_{\text{rsu}}$ 和 $a\tilde{P}$ 是否相等，如果相等，则算法 $\mathcal{B}$ 终止。否则，算法 $\mathcal{B}$ 选择随机数 r，α，τ_8，$\tau_9 \in Z_q^*$，然后计算签名 $\{\tau_1,\tau_2,\tilde{\tau}_3,\tilde{\tau}_4,\tau_5,\tau_6,\tau_7,\tau_8,\tau_9\}$ 返回给敌手 $\mathcal{A}$，其中 $\tau_1 = x_{\text{rsu}}P_2 - r\cdot(x_{\text{obu}}P_{\text{ca}})$，$\tau_2 = rP_1$，$\tilde{\tau}_3 = \alpha\cdot\tilde{P}_1$，$\tilde{\tau}_4 = x_{\text{obu}}\tilde{P}_1 + \alpha\cdot\tilde{P}_{\text{tm}}$，$\tau_5 = x_{\text{obu}}\tau_2$，$\tau_6 = \alpha\cdot\tau_2$，$\tau_7 = x_{\text{obu}}H_1(m)$，$S_1 = \tau_9\tau_2 + \tau_8\tau_5$，$S_2 = \tau_9 H_1(m) + \tau_8\cdot\tau_7$，$x_{\text{obu}}$ 是 P_{obu} 对应的私钥，x_{rsu} 是 $\tilde{P}_{\text{rsu}}$ 对应的私钥。

在某一时刻，如果敌手 $\mathcal{A}$ 输出了关于消息 m 和目标群公钥 $\tilde{P}_{\text{rsu}} = a\tilde{P}$ 的一个有效的签名 $\{\tau_1,\tau_2,\tilde{\tau}_3,\tilde{\tau}_4,\tau_5,\tau_6,\tau_7,\tau_8,\tau_9\}$，则算法 $\mathcal{B}$ 就可以输出 eCDH 难题的解为 $abP = \tau_1 + w\tau_5 = \ abP - r(wP_{\text{obu}}) + w(rP_{\text{obu}})$。因为只有当算法 $\mathcal{B}$ 正确地猜测到目标群公钥 $a\tilde{P}$ 时，算法 $\mathcal{B}$ 才能成功。因此算法 $\mathcal{B}$ 解决 eCDH 难题的概率为 $\varepsilon / qk_{\text{rsu}}$，其中 qk_{rsu} 是执行 RSU 公钥查询的次数。

情况 2：算法 $\mathcal{B}$ 在不知道群成员的私钥而知道其群证书的情况下解决 eCDH 难题。由 eCDH 难题的定义可知，算法 $\mathcal{B}$ 已知的值是 $(P,aP,bP,\tilde{P},a\tilde{P})$，算法 $\mathcal{B}$ 的目标是输出 abP。

首先，算法 $\mathcal{B}$ 按照真实操作生成公共参数及 CA 和 RSU 的公私钥。然后，算法 $\mathcal{B}$ 可以通过以下查询与敌手 $\mathcal{A}$ 进行交互。

（1）OBU 公钥查询：当敌手 $\mathcal{A}$ 查询 OBU 的公钥时，算法 $\mathcal{B}$ 返回 $P_{\text{obu}} = t_{\text{obu}}(aP_1)$ 给敌手 $\mathcal{A}$，其中 $t_{\text{obu}} \in Z_q^*$ 是随机数。

（2）群证书查询：当敌手 $\mathcal{A}$ 查询 OBU 的群证书时，算法 $\mathcal{B}$ 执行真实的操作返回群证书给敌手 $\mathcal{A}$，因为算法 $\mathcal{B}$ 知道群证书，所以算法 $\mathcal{B}$ 也知道 RSU 的私钥 x_{rsu}。

（3）H_1 查询：当敌手 $\mathcal{A}$ 输入消息 m 执行此查询时，算法 $\mathcal{B}$ 首先检查 (m,r_1,R_1) 是否存在于列表 L_{h_1} 中。如果存在，则返回 R_1 给敌手 $\mathcal{A}$。否则，算法 $\mathcal{B}$ 决定消息 m 是否为目标消息，如果是目标消息，则计算 $R_1 = r_1(bP_1)$，其中 $r_1 \in Z_q^*$ 是随机数，如果不是，则计算 $R_1 = r_1P_1$。最后，算法 $\mathcal{B}$ 把 (m,r_1,R_1) 记录到 L_{h_1} 中。

（4）H_2 查询：当敌手 $\mathcal{A}$ 输入消息 $m\|\tau_1\|\cdots\|\tau_7\|S_1\|S_2$ 执行此查询时，算法 $\mathcal{B}$ 首先检查 $(m\|\tau_1\|\cdots\|\tau_7\|S_1\|S_2,r_2)$ 是否存在于列表 L_{h_2} 中。如果存在，则返回 r_2 给敌手 $\mathcal{A}$；否则选择随机数 $r_2 \in Z_q^*$ 返回给敌手 $\mathcal{A}$，并把 $(m\|\tau_1\|\cdots\|\tau_7\|S_1\|S_2,r_2)$ 记录到 L_{h_2} 中。

（5）签名查询：当敌手$\mathcal{A}$输入消息m和公钥P_{obu}执行此查询时，算法$\mathcal{B}$选择随机数r，α，β，τ_8，$\tau_9 \in Z_q^*$计算签名$\{\tau_1,\tau_2,\tilde{\tau}_3,\tilde{\tau}_4,\tau_5,\tau_6,\tau_7,\tau_8,\tau_9\}$，其中$\tau_1 = x_{rsu}P_2 - r\cdot(x_{ca}P_{obu})$，$\tau_2 = rP_1$，$\tilde{\tau}_3 = \alpha\cdot\tilde{P}_1$，$\tilde{\tau}_4 = t_{obu}\cdot(a\tilde{P}_1) + \alpha\cdot\tilde{P}_{tm}$，$\tau_5 = r\cdot t_{obu}\cdot(aP_1)$，$\tau_6 = \alpha\cdot\tau_2$，$\tau_7 = r_1\cdot t_{obu}\cdot(aP_1)$，$S_1 = \tau_9\tau_2 + \tau_8\tau_5$，$S_2 = \tau_9 H_1(m) + \tau_8\cdot\tau_7$。其中，$t_{obu}$是公钥查询中$P_{obu}$对应的值，$r_1$是$m$在$L_{h_1}$中对应的值。最后，算法$\mathcal{B}$检查$(m\|\tau_1\|\cdots\|\tau_7\|S_1\|S_2,\tau_8)$是否存在于$L_{h_2}$中，如果不存在于$L_{h_2}$中，则把$(m\|\tau_1\|\cdots\|\tau_7\|S_1\|S_2,\tau_8)$记录到$L_{h_2}$中；否则，算法$\mathcal{B}$终止。

如果在某一时刻，敌手$\mathcal{A}$输出了一个关于目标消息m^*和公钥P_{obu}^*的有效签名$\{\tau_1,\tau_2,\tilde{\tau}_3,\tilde{\tau}_4,\tau_5,\tau_6,\tau_7,\tau_8,\tau_9\}$，则算法$\mathcal{B}$可以输出eCDH难题的解为$abP = \left(\dfrac{1}{r^* t_{obu}^*}\right)\tau_7$，其中$t_{obu}^*$是公钥查询中$P_{obu}^*$对应的值，$r^*$是$m^*$在$L_{h_1}$中对应的值。因为只有当算法$\mathcal{B}$正确地猜测到目标消息时，算法$\mathcal{B}$才能成功。因此算法$\mathcal{B}$解决eCDH难题的概率为$\varepsilon/q_{H_1}$，其中$q_{H_1}$是执行$H_1$查询的次数。

2）匿名性

在签名$\{\tau_1,\tau_2,\tilde{\tau}_3,\tilde{\tau}_4,\tau_5,\tau_6,\tau_7,\tau_8,\tau_9\}$中，签名者的身份信息仅包括在$(\tau_1,\tilde{\tau}_4,\tau_5,\tau_7)$中。然而，包含在$\tilde{\tau}_4$中的身份信息已经用了CA的公钥进行加密，只有CA可以解密得到身份信息。(τ_1,τ_5,τ_7)中的身份信息也只能通过双线性映射操作来查询，因为身份信息位于椭圆曲线倍点的系数中。但(τ_1,τ_5,τ_7)属于群G_1，在群G_2中没有包含身份信息的公共值，因此无法通过双线性操作来查询。

为了证明本节方案满足匿名性，我们需要证明由两个不同的OBU对同一消息生成的两个签名，敌手$\mathcal{A}$无法区分这两个签名。

定理3.5　如果eDDH问题是困难的，则本节方案满足匿名性。

证明　我们采用反证法，即证明如果存在一个敌手$\mathcal{A}$能以不可忽略的概率ε破坏本节方案的匿名性，则一定存在一个算法$\mathcal{B}$能解决eDDH难题，并且概率也是不可忽略的。由eDDH难题的定义可知，算法$\mathcal{B}$已知的值是$(P,\tilde{P},aP,bP,a\tilde{P},b\tilde{P},c\tilde{P})$，算法$\mathcal{B}$的目标是判断$c\tilde{P}$和$ab\tilde{P}$是否相等。

（1）系统初始化：算法$\mathcal{B}$首先设置$P_1 = P, \tilde{P}_1 = \tilde{P}, \tilde{P}_{tm} = b\tilde{P}, P_{link} = bP$。然后按真实过程生成CA和RSU的其他参数。

（2）公钥查询：当敌手$\mathcal{A}$执行此查询询问OBU的公钥时，算法$\mathcal{B}$决定此公钥是否为目标公钥。算法$\mathcal{B}$返回$P_{obu} = x_{obu}P_1$给敌手$\mathcal{A}$，其中x_{obu}是从Z_q^*中随机选择的。

（3）挑战阶段：敌手$\mathcal{A}$选择两个在公钥查询中得到的公钥P_{obu_0}、P_{obu_1}和一个消息m进行挑战，其中$P_{obu_0} \neq P_{obu_1}$。算法$\mathcal{B}$首先通过投掷硬币得到$b\in\{0,1\}$，然后选择随机数r，τ_8，$\tau_9 \in Z_q^*$，并计算消息签名$\{\tau_1,\tau_2,\tilde{\tau}_3,\tilde{\tau}_4,\tau_5,\tau_6,\tau_7,\tau_8,\tau_9\}$返回给

敌手 $\mathcal{A}$。其中 $\tau_1 = x_{rsu}P_2 - r\cdot(x_{ca}P_{obu\_b})$，$\tau_2 = rP_1$，$\tilde{\tau}_3 = a\tilde{P} = a\tilde{P}_1$，$\tilde{\tau}_4 = x_{obu\_b}\tilde{P}_1 + c\tilde{P}$，$\tau_5 = x_{obu\_b}\cdot\tau_2$，$\tau_6 = r\cdot aP = a\cdot\tau_2$，$\tau_7 = x_{obu\_b}H_1(m)$，$S_1 = \tau_9\tau_2 + \tau_8\tau_5$，$S_2 = \tau_9 H_1(m) + \tau_8\cdot\tau_7$，$x_{obu\_b}$ 是 P_{obu_b} 对应的私钥。

（4）签名查询：当敌手 $\mathcal{A}$ 输入消息 m 和公钥 $P_{obu} \notin \{P_{obu\_0}, P_{obu\_1}\}$ 进行此查询时，算法 $\mathcal{B}$ 首先选择随机数 r，α，τ_8，$\tau_9 \in Z_q^*$，然后计算签名 $\{\tau_1,\tau_2,\tilde{\tau}_3,\tilde{\tau}_4,\tau_5,\tau_6,\tau_7,\tau_8,\tau_9\}$ 返回给敌手 $\mathcal{A}$。其中，$\tau_1 = x_{rsu}P_2 - r\cdot(x_{ca}P_{obu})$，$\tau_2 = rP_1$，$\tilde{\tau}_3 = \alpha\tilde{P}_1$，$\tilde{\tau}_4 = x_{obu}\tilde{P}_1 + \alpha\tilde{P}_{tm}$，$\tau_5 = rP_{obu}$，$\tau_6 = \alpha\cdot\tau_2$，$\tau_7 = x_{obu}H_1(m)$，$S_1 = \tau_9\tau_2 + \tau_8\tau_5$，$S_2 = \tau_9 H_1(m) + \tau_8\cdot\tau_7$。这里 x_{obu} 是 P_{obu} 对应的私钥。

（5）输出：敌手 $\mathcal{A}$ 输出它的猜测 $b' \in \{0,1\}$。如果 $b' = b$，算法 $\mathcal{B}$ 输出 1 表示 $c\tilde{P} = ab\tilde{P}$。

因为在所有模拟中的任何步骤都不会中止，则算法 $\mathcal{B}$ 成功的概率与敌手 $\mathcal{A}$ 成功的概率相同。因此，本节方案满足匿名性，因为 eDDH 问题是困难问题。

3）门限认证

为了确保一些特殊消息的真实性，如交通事故信息，本节方案实现了门限认证。在本节方案中，如果 OBU 收到单个消息签名是不会接收的，只有当收到来自不同发送方关于同一消息的签名已经超过了门限值时，才接收消息。

在消息签名中，$\tau_1 = c_1 - r'\cdot(x_{obu}P_{ca})$ 和 $\tau_2 = c_2 + r'P_1$ 是随机化群证书 $\text{cert}_g = (c_1, c_2)$ 生成的，因此 τ_1 和 τ_2 可用于检查发送方是否获得了 RSU 的群证书。$\tilde{\tau}_3 = \alpha\tilde{P}_1$ 和 $\tilde{\tau}_4 = x_{obu}\tilde{P}_1 + \alpha\tilde{P}_{tm}$ 是用发送者的私钥生成的，因此可用于追踪签名者的身份。

同时，消息签名中值 $\tau_7 = x_{obu}H_1(m)$ 是由私钥 x_{obu} 和 m 的 Hash 值生成的，因此接收方可以使用值 τ_7 判断是否已收到过同一签名者对于消息 m 的签名。如果恶意的发送方试图通过对同一消息 m 生成多个不同签名来破坏门限认证机制，这种恶意行为能被接收者检测到。因此，本节方案实现了门限认证。

4）可控连接性

本节方案的可控连接性是除服务提供商 SP 外的其他任何实体无法判断两个签名消息是否存在连接性，即只有 SP 才能确定两个签名消息是由同一发送方生成的。因为在每次签名的过程中，都使用随机数来随机化签名者的群证书，所以即使有两个或两个以上不同的消息签名由同一个用户生成，敌手 $\mathcal{A}$ 也无法判定这些消息签名是否由同一用户生成，这就表示传输的消息签名对外部敌手是不可连接的。但是，掌握连接密钥的服务提供商 SP 可以判定两个不同的消息签名是否由同一用户生成，以此来为用户提供个性化服务。因此，本节方案实现了可控连接性。

5）不可否认性

虽然本节方案通过群签名实现了消息签名者的身份匿名，但是签名者自己签发的消息也需要实现不可否认性。本节方案中每个签发的消息签名中都捆绑了签名者的公私钥和群证书，并且根据定理 3.4，敌手 $\mathcal{A}$ 在没有私钥或者相应的群证书时不能生成有效的签名，因此用户不能否认由其私钥和群证书生成的签名消息。所以，本节方案实现了不可否认性。

6）条件可追踪性

本节方案的条件可追踪性指的是任何未经授权的实体不能追踪消息签名者的身份，只有可信中心才能追踪。在本节方案中签名者签发消息时，用 CA 的公钥把自己的身份信息加密到了 $\tilde{\tau}_3$ 和 $\tilde{\tau}_4$ 中，因此只有 CA 才能揭示签名者的身份。假设存在一个敌手 $\mathcal{A}$ 具有本节方案中的条件可追踪性，那么敌手 $\mathcal{A}$ 可以在没有私钥或者相应的群证书的情况下生成一个有效的签名，这与定理 3.4 相矛盾。因此，本节方案实现了条件可追踪性。

3. 性能分析

1）计算开销

首先与现有的群签名方案[6-9]在签名和验证过程中的计算开销进行对比。因为撤销验证是本节方案特有的功能，而且撤销列表的长度具有不确定性，因此在比较中没有考虑撤销验证的计算开销。表 3.6 是五个方案的签名和验证过程中理论上的计算开销，相关操作的试验结果如表 3.7 所示，相关符号定义如下所示。

T_{bp}：双线性映射的执行时间。

T_{ex}：幂乘运算的执行时间。

T_{mul}：椭圆曲线上倍点运算的执行时间。

表 3.6　计算开销比较

方案	签名阶段	n 个消息的批验证
Shao 等[6]的方案	$9\,T_{\text{ex}}$	$4nT_{\text{ex}}+(n+5)T_{\text{bp}}$
Shao 等[7]的方案	$10\,T_{\text{ex}}$	$4nT_{\text{ex}}+(n+6)T_{\text{bp}}$
Hwang 等[8]的方案	$11\,T_{\text{ex}}$	$11nT_{\text{ex}}+nT_{\text{bp}}$
Hwang 等[9]的方案	$11\,T_{\text{ex}}$	$11nT_{\text{ex}}+nT_{\text{bp}}$
本节方案	$8\,T_{\text{mul}}$	$4nT_{\text{mul}}+(n+4)T_{\text{bp}}$

表 3.7　基本操作的执行时间

基本运算	T_{ex}	T_{mul}	T_{bp}
执行时间/ms	0.483	0.326	6.28

在签名阶段，当签名者签发单个消息时，Shao 等[6]的方案的计算开销约为 $9T_{ex}$；Shao 等[7]的方案的计算开销约为 $10T_{ex}$；Hwang 等[8, 9]的方案的计算开销约为 $11T_{ex}$；本节方案的计算开销约为 $8T_{mul}$。此外，在验证阶段，验证者验证单个消息时，Shao 等[6]的方案的计算开销约为 $4T_{ex}+6T_{bp}$；Shao 等[7]的方案的计算开销约为 $4T_{ex}+7T_{bp}$；Hwang 等[8, 9]的方案的计算开销约为 $11T_{ex}+T_{bp}$；本节方案的计算开销约为 $4T_{mul}+5T_{bp}$。但是，在同一验证阶段，验证者可能需要同时验证多条消息，因此我们假设交通密度是 n，表示验证者在验证期内收到的消息数。因此，当验证 n 条消息时，Shao 等[6]的方案的计算开销约为 $4nT_{ex}+(n+5)T_{bp}$；Shao 等[7]的方案的计算开销为 $4nT_{ex}+(n+6)T_{bp}$；Hwang 等[8, 9]的方案的计算开销约为 $11nT_{ex}+nT_{bp}$；本节方案的计算开销约为 $4nT_{mul}+(n+4)T_{bp}$。

如图 3.8 和图 3.9 所示，我们对每个方案在签名阶段和验证阶段的总执行时间给出了详细的比较。例如，要验证 100 个签名，Shao 等[6]的方案的执行时间约为 852.6ms($=4nT_{ex}+(n+5)T_{bp}=4\times0.483\times100+(100+5)\times6.28$)；Shao 等[7]的方案的执行时间约为 858.88ms($=4nT_{ex}+(n+6)T_{bp}=4\times0.483\times100+(100+6)\times6.28$)；Hwang 等[8, 9]的方案所需的执行时间约为 1159.3ms($=11nT_{ex}+nT_{bp}=11\times0.483\times100+100\times6.28$)；本节方案的执行时间约为 783.52ms($=4nT_{mul}+(n+4)T_{bp}=4\times0.326\times100+(100+4)\times6.28$)。因此，根据以上分析可以知道，本节方案与其他类似方案相比，在效率上具有一定优势。

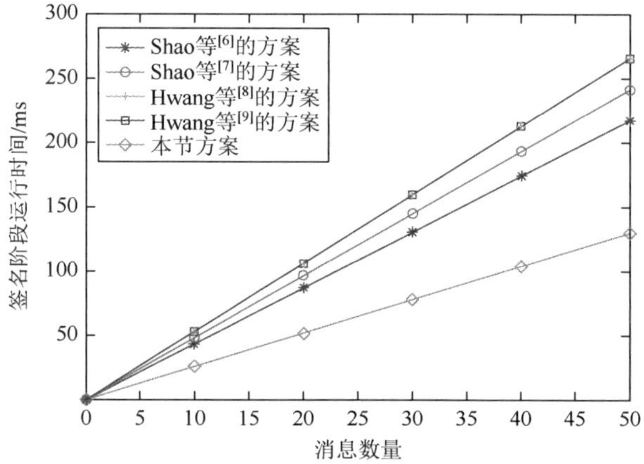

图 3.8　签名阶段时耗对比图

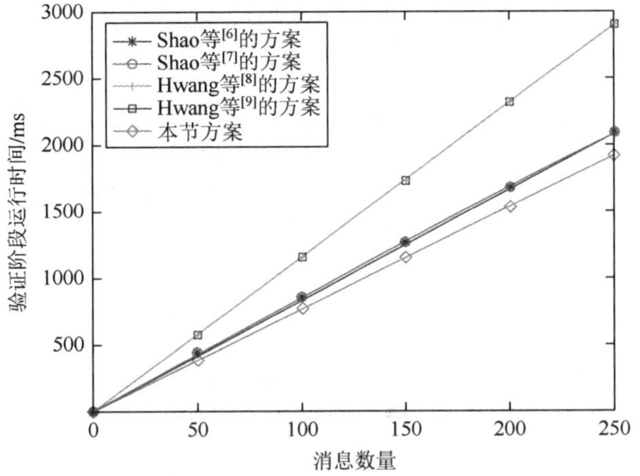

图 3.9　验证阶段时耗对比图

2）通信开销

为了分析本节方案的通信开销，将本节方案与现有的群签名方案[6-9]进行了对比试验。相关的比较结果总结在表 3.8 中，其中 ℓ_G、ℓ_q 和 ℓ_H 分别表示群 G 中元素的长度、群 G 阶的长度和 Hash 函数的比特长度。

表 3.8　通信开销比较

方案	签名阶段
Shao 等[6]的方案	$9\ell_G+\ell_q+\ell_H$
Shao 等[7]的方案	$7\ell_G+\ell_q+\ell_H$
Hwang 等[8]的方案	$3\ell_G+\ell_q+5\ell_H$
Hwang 等[9]的方案	$3\ell_G+\ell_q+4\ell_H$
本节方案	$7\ell_G+\ell_q+\ell_H$

在试验中，我们选择 SECG-160 曲线和 Hash 函数 SHA512 来模拟相关操作。因为 SECG-160 曲线的安全等级几乎相当于 1024 位的 RSA 签名，所以我们在试验的幂乘运算中设置 $\ell_G=1024$。当 $\ell_G=320$ 时，$\ell_q=160$ 且 $\ell_H=512$，本节方案的签名长度约是 2912 比特。为了有相同的安全级别，在现有方案[6-9]中设置 $\ell_G=1024$，$\ell_q=1023$，因为这些方案使用的是幂乘运算。因此，可以计算出 Shao 等[6]的方案的签名长度大约为 10751 比特；Shao 等[7]的方案的签名长度大约为 8703 比特；Hwang 等[8]的方案的签名长度大约为 8699 比特；Hwang 等[9]的方案的签名长度大约为 7676 比特。

从图 3.10 可知，通信开销与发送消息的数量呈线性相关。同时可以得出本节方案与其相似方案相比具有较低的通信开销。

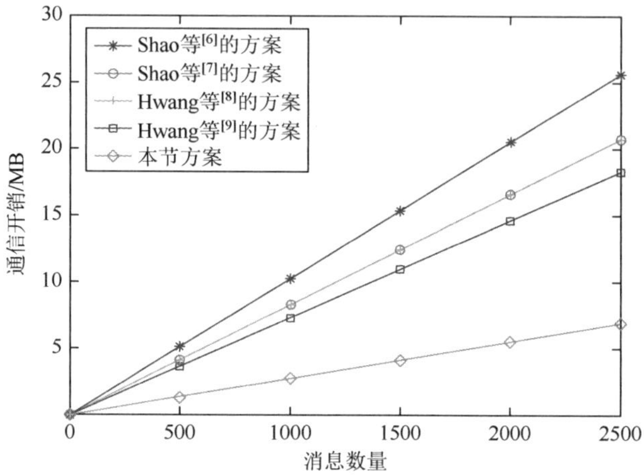

图 3.10　通信开销对比图

参 考 文 献

[1] Chuang M C，Lee J F. TEAM：Trust-extended authentication mechanism for vehicular ad hoc networks[J]. IEEE Systems Journal，2014，8（3）：749-758.

[2] Kumari S，Karuppiah M，Li X，et al. An enhanced and secure trust-extended authentication mechanism for vehicular ad-hoc networks[J]. Security and Communication Networks，2016，9（17）：4255-4271.

[3] Porambage P，Schmitt C，Kumar P，et al. Two-phase authentication protocol for wireless sensor networks in distributed IoT applications[C]. Wireless Communications and Networking Conference，Istanbul，2014：2728-2733.

[4] Zheng M，Zhou H，Chen J. An efficient protocol for two-party explicit authenticated key agreement[J]. Concurrency and Computation Practice and Experience，2015，27（12）：2954-2963.

[5] Ruan O，Kumar N，He D，et al. Efficient provably secure password-based explicit authenticated key agreement[J]. Pervasive and Mobile Computing，2015，24：50-60.

[6] Shao J，Lin X，Lu R，et al. A threshold anonymous authentication protocol for VANETs[J]. IEEE Transactions on Vehicular Technology，2016，65（3）：1711-1720.

[7] Shao J，Lu R，Lin X，et al. New threshold anonymous authentication for VANETs[C]. IEEE/CIC International Conference on Communications in China，Shenzhen，2015：1-6.

[8] Hwang J Y，Lee S，Chung B，et al. Short group signatures with controllable linkability[C]. Workshop on Lightweight Security and Privacy：Devices，Istanbul，2011：44-52.

[9] Hwang J Y，Chen L，Cho H S，et al. Short dynamic group signature scheme supporting controllable linkability[J]. IEEE Transactions on Information Forensics and Security，2015，10（6）：1109-1124.

第 4 章　抗部分密钥泄露的车联网认证

4.1　密钥隔离安全的认证

在车联网中，车辆是快速移动而又不那么安全的节点，一旦某辆车自己持有的私钥被泄露，攻击者便可利用私钥假冒车辆用户进行任何操作，这不但使得车辆用户的隐私完全暴露而遭受损失，还会因为恶意虚假信息的发布影响到网络中的其他车辆节点，更有甚者对整个系统安全秩序造成严重影响。密钥泄露会导致正常用户私钥被滥用。基于此问题，本节将介绍一种密钥隔离安全的认证方案，适用于车联网下的车辆对基础设施（vehicle to infrastructure，V2I）通信。

本节方案将密钥隔离方法引入车联网环境下，并支持密钥定期更新。在椭圆曲线上使用如点加运算、倍点运算等替换了相对耗时的双线性对操作，提升了效率，并实现前向安全和后向安全等安全特性。相对于车联网环境下的一般模型，本节方案的环境模型略有一些调整。由于需要实现密钥隔离，本节方案在环境模型中添加了一个协助设备，该设备是每辆车中均有的防篡改装置，具体如图 4.1 所示。

本节方案的车联网系统主要由以下三个实体进行相关活动。

PKG：私钥生成中心（private key generation，PKG），是一个完全可信的实体，负责密钥生成，包括各个实体的公钥和私钥。

RSU：路侧单元，是车联网中的基础设施，它是一种部署于道路两侧具有计算能力的设备，通过 DSRC 为过往车辆提供网络连接服务。

车辆节点：每个车辆节点都配置 OBU 和 TPD，OBU 使得车辆节点和 RSU 可以进行无线通信；TPD 充当一个辅助者（也称为协助者）的角色，是具有物理安全性而计算能力有限的设备，存储在 TPD 中的数据不会被泄露。

整个方案主要有四个阶段：系统初始化、密钥生成、签名和认证。其中，系统初始化阶段主要用于完成车联网系统、OBU、辅助设备和 RSU 的初始化；密钥生成阶段主要用于完成车联网系统中各个参与者的初始密钥生成、辅助设备的部分密钥生成及车辆用户的临时密钥生成；签名阶段主要用于完成车辆关于消息的签名；认证阶段主要用于在 OBU 与 RSU 进行通信时，RSU 收到 OBU 发送的相关签名信息后，完成对车辆的认证。

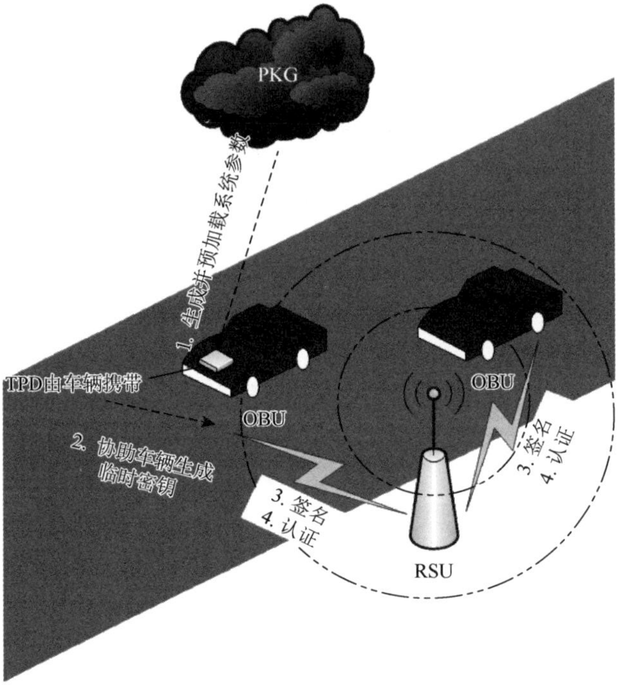

图 4.1　本节方案的车联网模型

4.1.1　方案设计

为了更好地理解本节方案，首先介绍本节方案所用到的符号及其定义，如表 4.1 所示。

表 4.1　符号及其定义

符号	定义
p,q	两个大素数
$E_p(a,b)$	由 $y^2=x^3+ax+b \bmod p\ (a,b\in E_p)$ 定义的椭圆曲线
G	阶为 q 的加法群，G 由 E 上的所有点和无限域 O 上的点组成
P	群 G 的生成元
H_1,H_2,H_3,H_4	四个 Hash 函数，其中 $H_1:\{0,1\}^*\to Z_q$，$H_2:\{0,1\}^*\to Z_q$，$H_3:\{0,1\}^*\to Z_q$，$H_4:\{0,1\}^*\to Z_q$
$\mathrm{SK}_{\mathrm{msk}}$	系统主密钥
$\mathrm{PK}_{\mathrm{pub}}$	系统公钥

续表

符号	定义
SK_{TPD}	TPD 的私钥
PK_{TPD}	TPD 的公钥
SK_{rsu}	RSU 的私钥
PK_{rsu}	RSU 的公钥
T_i	时间段 i 的时间戳
ID_{obu}	OBU 的身份
K_{part}^i	时间段 i 时的部分密钥，由 TPD 生成，用于 OBU 的私钥更新
SK_{obu}^i	OBU 在时间段 i 时的临时私钥
PK_{obu}^i	OBU 在时间段 i 时的临时公钥
M_i	包含时间段 i 交通情况的消息
σ_i	OBU 在时间段 i 时的签名
$\oplus$	异或操作
$\|\|$	消息连接操作

1. 系统初始化阶段

在系统初始化阶段中，对车联网中每个设备进行初始化。

PKG 首先生成基本的系统参数，包括选取一个椭圆曲线 $E_p(a,b)$，选取四个通用安全的 Hash 函数 H_1、H_2、H_3 和 H_4，其中 $H_1:\{0,1\}^*\to Z_q$、$H_2:\{0,1\}^*\to Z_q$、$H_3:\{0,1\}^*\to Z_q$ 和 $H_4:\{0,1\}^*\to Z_q$，以及选取一个随机数 $SK_{msk}\in Z_q^*$ 作为系统主密钥，并计算出系统公钥 $PK_{pub}=SK_{msk}\cdot P$。然后，PKG 选择随机数 $SK_{TPD}\in Z_q^*$ 作为 TPD 的私钥，并计算出其对应的公钥 $PK_{TPD}=SK_{TPD}\cdot P$。这些参数均被预加载到 TPD 中。

RSU 选择随机数 $SK_{rsu}\in Z_q^*$ 作为自己的私钥，并计算出对应的公钥 $PK_{rsu}=SK_{rsu}\cdot P$。

最后，PKG 公布公共参数集合：

$$\text{param}=\{a,b,p,q,P,PK_{pub},PK_{TPD},PK_{rsu},H_1,H_2,H_3,H_4\}。$$

本节方案中假设 OBU 的公钥和 OBU 对应 TPD 的公钥已经被提前载入。

2. 密钥生成阶段

密钥生成阶段又分为初始密钥生成、部分密钥生成和临时密钥生成三个部分。

首先，初始密钥生成部分。令时间段 i 对应的参数 α_i 为 $\alpha_i = H_2[H_1(\mathrm{ID}_{\mathrm{obu}}) \| \mathrm{SK}_{\mathrm{TPD}} \cdot \mathrm{PK}_{\mathrm{rsu}} \| T_i]$，注意 TPD 默认持有它对应 OBU 的身份。TPD 计算初始时间段即第 0 时间段 T_0 的参数 $\alpha_0 = H_2[H_1(\mathrm{ID}_{\mathrm{obu}}) \| \mathrm{SK}_{\mathrm{TPD}} \cdot \mathrm{PK}_{\mathrm{rsu}} \| T_0]$ 和 OBU 的初始密钥 $\mathrm{SK}_{\mathrm{obu}}^0 = \mathrm{SK}_{\mathrm{msk}} \cdot H_1(\mathrm{ID}_{\mathrm{obu}}) + \mathrm{SK}_{\mathrm{TPD}} \cdot \alpha_0$。OBU 的初始私钥被提前载入对应的 OBU 中。

其次，部分密钥生成部分。TPD 计算出当前时间段 i 对应的部分密钥（也称为协助密钥）$K_{\mathrm{part}}^i = \mathrm{SK}_{\mathrm{TPD}} \cdot (\alpha_i - \alpha_{i-1})$，并通过安全通道将其发送给 OBU 以协助生成车辆的临时密钥。

最后，临时密钥生成部分。当 OBU 收到 TPD 发送的当前时间段 i 的部分密钥 K_{part}^i 后，OBU 计算出当前时间段的临时密钥 $\mathrm{SK}_{\mathrm{obu}}^i = \mathrm{SK}_{\mathrm{obu}}^{i-1} + K_{\mathrm{part}}^i$，计算出对应的临时公钥 $\mathrm{PK}_{\mathrm{obu}}^i = \mathrm{SK}_{\mathrm{obu}}^i \cdot P$，并公布临时公钥。在密钥更新之后，OBU 移除部分密钥 K_{part}^i 和上一时间段的临时密钥 $\mathrm{SK}_{\mathrm{obu}}^{i-1}$。

3. 签名阶段

OBU 在时间段 i 对消息 M_i 签名的具体生成过程如下所示。

步骤 1：OBU 选择一个随机数 $u_i \in Z_q^*$ 并计算 $U_i = u_i \cdot P$。

步骤 2：使用车辆身份 $\mathrm{ID}_{\mathrm{obu}}$ 的 Hash 值、当前时间段 i 的临时密钥 $\mathrm{SK}_{\mathrm{obu}}^i$、RSU 的公钥 $\mathrm{PK}_{\mathrm{rsu}}$ 和时间戳 T_i，分别计算 $\omega_i = H_1(\mathrm{ID}_{\mathrm{obu}}) \oplus H_3(\mathrm{SK}_{\mathrm{obu}}^i \cdot \mathrm{PK}_{\mathrm{rsu}})$ 和 $\eta_i = H_2[H_1(\mathrm{ID}_{\mathrm{obu}}) \| \mathrm{SK}_{\mathrm{obu}}^i \cdot \mathrm{PK}_{\mathrm{rsu}} \| T_i]$。

步骤 3：选择另一个随机数 $\lambda_i \in Z_q^*$，使用身份的 Hash 值、选取的随机数 λ_i 和参数 η_i 计算 $\theta_i = \eta_i + \lambda_i \cdot H_1(\mathrm{ID}_{\mathrm{obu}})$。

步骤 4：将身份的 Hash 值 $H_1(\mathrm{ID}_{\mathrm{obu}})$，参数 λ_i、U_i，关于交通状况的消息 M_i 及当前时间戳 T_i 连接起来，计算 $\beta_i = H_4[H_1(\mathrm{ID}_{\mathrm{obu}}) \| \lambda_i \| U_i \| M_i \| T_i]$。

步骤 5：使用之前选取的两个随机数 λ_i 和 u_i、参数 β_i 和临时密钥 $\mathrm{SK}_{\mathrm{obu}}^i$ 计算 $\sigma_i = \lambda_i \cdot \mathrm{SK}_{\mathrm{obu}}^i + \beta_i \cdot u_i \bmod p$，$p$ 为素数。

步骤 6：将 $\{U_i, \sigma_i, \omega_i, \theta_i, M_i, T_i\}$ 发送给所在区域的 RSU。

4. 认证阶段

当 RSU 收到 OBU 发来的签名信息之后，RSU 执行以下步骤进行验证。

步骤 1：RSU 首先检查时间戳 T_i 的新鲜性，即其是否与当前最新时间段对应的时间戳匹配，如果匹配，则新鲜，进行下一步操作，否则 RSU 直接拒绝此签名信息。

步骤 2：使用自己的私钥 $\mathrm{SK}_{\mathrm{rsu}}$、OBU 在当前时间段 i 的公钥 $\mathrm{PK}_{\mathrm{obu}}^i$ 和接收到的参数 ω_i 计算车辆身份的 Hash 值 $H_1(\mathrm{ID}_{\mathrm{obu}}) = \omega_i \oplus H_3(\mathrm{SK}_{\mathrm{rsu}} \cdot \mathrm{PK}_{\mathrm{obu}}^i)$。

步骤 3：使用上一步计算出的车辆身份的 Hash 值、RSU 自己的私钥 $\mathrm{SK}_{\mathrm{rsu}}$、OBU 当前时间段的临时公钥 $\mathrm{PK}_{\mathrm{obu}}^{i}$、TPD 的公钥 $\mathrm{PK}_{\mathrm{TPD}}$ 和时间戳 T_i 计算 $\alpha_i = H_2[H_1(\mathrm{ID}_{\mathrm{obu}}) \| \mathrm{SK}_{\mathrm{rsu}} \cdot \mathrm{PK}_{\mathrm{TPD}} \| T_i]$ 和 $\eta_i = H_2[H_1(\mathrm{ID}_{\mathrm{obu}}) \| \mathrm{SK}_{\mathrm{rsu}} \cdot \mathrm{PK}_{\mathrm{obu}}^{i} \| T_i]$。

步骤 4：使用身份的 Hash 值，接收到的参数 θ_i 和上一步计算出的参数 η_i 计算 $\lambda_i = {(\theta_i - \eta_i)}/{H_1(\mathrm{ID}_{\mathrm{obu}})}$。

步骤 5：使用车辆身份的 Hash 值 $H_1(\mathrm{ID}_{\mathrm{obu}})$，参数 λ_i、U_i，交通状态相关消息 M_i 和当前时间戳 T_i 计算 $\beta_i = H_4[H_1(\mathrm{ID}_{\mathrm{obu}}) \| \lambda_i \| U_i \| M_i \| T_i]$。

步骤 6：RSU 根据从 OBU 接收到的签名信息及自己计算出来的各种参数，检查 $\sigma_i \cdot P = [H_1(\mathrm{ID}_{\mathrm{obu}}) \cdot \mathrm{PK}_{\mathrm{pub}} + \mathrm{PK}_{\mathrm{TPD}} \cdot \alpha_i] \cdot \lambda_i + U_i \cdot \beta_i$ 是否成立，如果成立，则签名有效，验证通过。

4.1.2　方案分析

1. 安全分析

安全分析包括方案正确性证明与安全性证明，首先介绍方案正确性证明。

定理 4.1　本节方案中，OBU 的签名可以通过 RSU 的认证。

证明　实际上，如果 RSU 与 OBU 均诚实地运行该方案，那么 RSU 根据 OBU 发送的信息 $\{U_i, \sigma_i, \omega_i, \theta_i, M_i, T_i\}$ 可以计算：

$$
\begin{aligned}
\sigma_i &= \lambda_i \cdot \mathrm{SK}_{\mathrm{obu}}^{i} + \beta_i \cdot u_i \\
&= \lambda_i \cdot (\mathrm{SK}_{\mathrm{obu}}^{i-1} + K_{\mathrm{part}}^{i}) + \beta_i \cdot u_i \\
&= \lambda_i \cdot (\mathrm{SK}_{\mathrm{obu}}^{i-2} + K_{\mathrm{part}}^{i-1} + K_{\mathrm{part}}^{i}) + \beta_i \cdot u_i \\
&= \lambda_i \cdot (\mathrm{SK}_{\mathrm{obu}}^{i-3} + K_{\mathrm{part}}^{i-2} + K_{\mathrm{part}}^{i-1} + K_{\mathrm{part}}^{i}) + \beta_i \cdot u_i \\
&= \lambda_i \cdot (\mathrm{SK}_{\mathrm{obu}}^{0} + K_{\mathrm{part}}^{1} + K_{\mathrm{part}}^{2} + \cdots + K_{\mathrm{part}}^{i}) + \beta_i \cdot u_i \\
&= \lambda_i \cdot [\mathrm{SK}_{\mathrm{obu}}^{0} + \mathrm{SK}_{\mathrm{TPD}} \cdot (\alpha_1 - \alpha_0 + \alpha_2 - \alpha_1 + \cdots + \alpha_{i-1} - \alpha_{i-2} + \alpha_i - \alpha_{i-1})] + \beta_i \cdot u_i \\
&= \lambda_i \cdot [\mathrm{SK}_{\mathrm{obu}}^{0} + \mathrm{SK}_{\mathrm{TPD}} \cdot (\alpha_i - \alpha_0)] + \beta_i \cdot u_i \\
&= \lambda_i \cdot [\mathrm{SK}_{\mathrm{msk}} \cdot H_1(\mathrm{ID}_{\mathrm{obu}}) + \mathrm{SK}_{\mathrm{TPD}} \cdot \alpha_0 + \mathrm{SK}_{\mathrm{TPD}} \cdot (\alpha_i - \alpha_0)] + \beta_i \cdot u_i \\
&= \lambda_i \cdot [\mathrm{SK}_{\mathrm{msk}} \cdot H_1(\mathrm{ID}_{\mathrm{obu}}) + \mathrm{SK}_{\mathrm{TPD}} \cdot \alpha_i] + \beta_i \cdot u_i
\end{aligned}
$$

$$
\begin{aligned}
\sigma_i \cdot P &= \lambda_i \cdot [\mathrm{SK}_{\mathrm{msk}} \cdot H_1(\mathrm{ID}_{\mathrm{obu}}) \cdot P + \mathrm{SK}_{\mathrm{TPD}} \cdot \alpha_i \cdot P] + \beta_i \cdot u_i \cdot P \\
&= [H_1(\mathrm{ID}_{\mathrm{obu}}) \cdot \mathrm{PK}_{\mathrm{pub}} + \mathrm{PK}_{\mathrm{TPD}} \cdot \alpha_i] \cdot \lambda_i + U_i \cdot \beta_i
\end{aligned}
$$

所以，RSU 必然能够根据收到的消息与自己的私有信息去验证 OBU 的签名是否有效。

接下来介绍本节方案的安全性证明，主要使用了随机预言机模型，在通用模型上，根据本节方案实际步骤与内容进行了适当调整，具体的安全模型如下所示。

为证明不可伪造性，首先定义一个在挑战者 $\mathcal{C}$ 和敌手 $\mathcal{A}$ 之间的博弈，如果满足条件：对于任何一个 PPT 敌手 $\mathcal{A}$，敌手 $\mathcal{A}$ 赢得下列博弈的概率均是可忽略的，那么该方案对于恶意 OBU 来说就是不可伪造的。敌手能够适应性地在博弈中发出一系列下述查询。

Configuration-Oracle 查询：该查询可以理解为初始化阶段。挑战者 $\mathcal{C}$ 生成系统主密钥和系统公共参数，并将公共参数发送给敌手 $\mathcal{A}$。

H_1-Oracle 查询：当收到敌手 $\mathcal{A}$ 关于消息 m 的查询后，挑战者 $\mathcal{C}$ 选择一个随机数 $e \in Z_q$，将元组 (m,e) 存入表 L_{h_1}，并将 e 返回给敌手 $\mathcal{A}$。

H_2-Oracle 查询：当收到敌手 $\mathcal{A}$ 关于消息 m 的查询后，挑战者 $\mathcal{C}$ 选择一个随机数 $e \in Z_q$，将元组 (m,e) 存入表 L_{h_2}，并将 e 返回给敌手 $\mathcal{A}$。

TSK-Oracle 查询：当收到敌手 $\mathcal{A}$ 发出的关于密钥 SK_i 的查询后，挑战者 $\mathcal{C}$ 计算出密钥，将元组 (m,SK_i) 存入表 L_{key}，并将 SK_i 返回给敌手 $\mathcal{A}$。

H_3-Oracle 查询：当收到敌手 $\mathcal{A}$ 关于消息 m 的查询后，挑战者 $\mathcal{C}$ 选择一个随机数 $e \in Z_q$，将元组 (m,e) 存入表 L_{h_3}，并将 e 返回给敌手 $\mathcal{A}$。

H_4-Oracle 查询：当收到敌手 $\mathcal{A}$ 关于消息 m 的查询后，挑战者 $\mathcal{C}$ 选择一个随机数 $e \in Z_q$，将元组 (m,e) 存入表 L_{h_4}，并将 e 返回给敌手 $\mathcal{A}$。

Signing-Oracle 查询：挑战者 $\mathcal{C}$ 生成敌手 $\mathcal{A}$ 查询的消息 $\{U_i,\sigma_i,\lambda_i,M_i,T_i\}$ 并将其发送给敌手 $\mathcal{A}$。

Verification 查询：敌手 $\mathcal{A}$ 输入由挑战者 $\mathcal{C}$ 提供的签名 $\{U_i,\sigma_i,\lambda_i,M_i,T_i\}$，认证算法返回一个比特数 b，如果 $b=1$，则签名是有效的。

经过多项式次数的查询后，如果敌手 $\mathcal{A}$ 能通过生成一个元组 $\{U_i^*,\sigma_i^*,\lambda_i^*,M_i^*,T_i^*\}$ 来打破方案的不可伪造性，使得认证查询阶段输出 1，那么就说敌手 $\mathcal{A}$ 赢得了这个博弈。

根据上述本节方案的安全模型，接下来进行具体的安全性证明。

定理 4.2　本章所提出的密钥隔离安全认证方案在随机预言机模型下是安全的。

证明　假设存在一个 PPT 敌手 $\mathcal{A}$ 可以伪造一个签名并成功通过验证，构建一个挑战者 $\mathcal{C}$ 通过与敌手 $\mathcal{A}$ 互动可以以不可忽略的概率解决离散对数难题。给出一个离散对数实例 $(P,\mathrm{PK}_{\mathrm{TPD}}=x\cdot P=X)$。敌手 $\mathcal{A}$ 与挑战者 $\mathcal{C}$ 之间的博弈分为查询阶段和伪造阶段。

首先，查询阶段如下所示。

Configuration-Oracle：挑战者 $\mathcal{C}$ 指定 $\mathrm{PK_{pub}}=s\cdot P$ 和 $\mathrm{PK_{TPD}}=x\cdot P$，生成公共参数 $\mathrm{param}=\{p,q,a,b,P,\mathrm{PK_{pub}},\mathrm{PK_{TPD}},\mathrm{PK_{rsu}}\}$，并将公共参数发送给敌手 $\mathcal{A}$。

H_1-Oracle：挑战者 $\mathcal{C}$ 创建并维护一个初始化为空的列表 H_1^{list}。当收到敌手 $\mathcal{A}$ 关于 $(\mathrm{ID_{obu}},T_i)$ 的查询时，挑战者 $\mathcal{C}$ 首先检查表 H_1^{list} 中是否已经存在数组 $(\mathrm{ID_{obu}},T_i,R_1)$。如果存在，挑战者 $\mathcal{C}$ 返回 $R_1=H_1(\mathrm{ID_{obu}})$ 给敌手 $\mathcal{A}$；否则，挑战者 $\mathcal{C}$ 选择一个随机数 $R_1\in Z_q^*$，将元组 $(\mathrm{ID_{obu}},T_i,R_1)$ 存入表 H_1^{list}，并将 $R_1=H_1(\mathrm{ID_{obu}})$ 返回给敌手 $\mathcal{A}$。

H_2-Oracle：挑战者 $\mathcal{C}$ 创建并维护一个初始化为空的列表 H_2^{list}。当收到敌手 $\mathcal{A}$ 关于 $(\mathrm{ID_{obu}},T_i,D_2)$ 的查询时，挑战者 $\mathcal{C}$ 首先从表 H_1^{list} 中提取出元组 $(\mathrm{ID_{obu}},T_i,R_1)$，然后挑战者 $\mathcal{C}$ 检查表 H_2^{list} 中是否已经存在元组 $(\mathrm{ID_{obu}},T_i,D_2,R_2)$。如果存在，挑战者 $\mathcal{C}$ 返回 $R_2=H_2(R_1\|D_2\|T_i)$ 给敌手 $\mathcal{A}$；否则，挑战者 $\mathcal{C}$ 选择两个随机数 $\omega,R_2\in Z_q^*$ 并指定 $D_2=\omega\cdot\mathrm{PK_{rsu}}$，最后挑战者 $\mathcal{C}$ 将元组 $(\mathrm{ID_{obu}},T_i,D_2,R_2)$ 存入表 H_2^{list}，并将 $R_2=H_2(R_1\|D_2\|T_i)$ 返回给敌手 $\mathcal{A}$。

Temporary secret key-Oracle：敌手 $\mathcal{A}$ 请求当前时间段 i 的临时私钥 $\mathrm{SK_{obu}^{\mathit{i}}}$。挑战者 $\mathcal{C}$ 首先从表 H_1^{list} 和表 H_2^{list} 中分别提取出数组 $(\mathrm{ID_{obu}},T_i,R_1)$ 和 $(\mathrm{ID_{obu}},T_i,D_2,R_2)$，然后挑战者 $\mathcal{C}$ 计算

$$\begin{aligned}\mathrm{SK_{obu}^{\mathit{i}}}&=\mathrm{SK_{msk}}\cdot H_1(\mathrm{ID_{obu}})+\mathrm{SK_{TPD}}\cdot\alpha_i\\&=s\cdot R_1+\mathrm{SK_{TPD}}\cdot R_2\end{aligned}$$

最后，挑战者 $\mathcal{C}$ 将元组 $(\mathrm{ID_{obu}},T_i,\mathrm{SK_{obu}^{\mathit{i}}})$ 存入表 $\mathrm{Key^{list}}$，并将 $\mathrm{SK_{obu}^{\mathit{i}}}$ 返回给敌手 $\mathcal{A}$。

H_3-Oracle：挑战者 $\mathcal{C}$ 创建并维护一个初始化为空的列表 H_3^{list}。当收到敌手 $\mathcal{A}$ 关于 $(\mathrm{ID_{obu}},T_i)$ 的查询时，挑战者 $\mathcal{C}$ 首先检查表 H_3^{list} 中是否已经存在元组 $(\mathrm{ID_{obu}},T_i,R_3)$。如果已经存在，挑战者 $\mathcal{C}$ 返回 R_3 给敌手 $\mathcal{A}$；否则，挑战者 $\mathcal{C}$ 选择一个随机数 $R_3\in Z_q^*$，将元组 $(\mathrm{ID_{obu}},T_i,R_3)$ 存入 H_3^{list}，并将 R_3 返回给敌手 $\mathcal{A}$。

H_4-Oracle：挑战者 $\mathcal{C}$ 创建并维护一个初始化为空的列表 H_4^{list}。当收到敌手 $\mathcal{A}$ 关于 $(\mathrm{ID_{obu}},T_i,U_i,\lambda_i,M_i)$ 的查询时，挑战者 $\mathcal{C}$ 首先从表 H_1^{list} 中提取出数组 $(\mathrm{ID_{obu}},T_i,R_1)$，然后检查表 H_4^{list} 中是否已经存在元组 $(\mathrm{ID_{obu}},T_i,U_i,\lambda_i,M_i,R_4)$。如果存在，挑战者 $\mathcal{C}$ 返回 $R_4=H_4(R_1\|U_i\|\lambda_i\|M_i\|T_i)$ 给敌手 $\mathcal{A}$；否则，挑战者 $\mathcal{C}$ 选择一个随机数 $R_4\in Z_q^*$，将元组 $(\mathrm{ID_{obu}},T_i,U_i,\lambda_i,M_i,R_4)$ 存入 H_4^{list}，并将 $R_4=H_4(R_1\|U_i\|\lambda_i\|M_i\|T_i)$ 返回给敌手 $\mathcal{A}$。

Signing-Oracle：当收到敌手 $\mathcal{A}$ 关于消息 M_i 的签名查询时，挑战者 $\mathcal{C}$ 选择随机数 u_i，$\sigma_i\in Z_q^*$ 和 r_1，r_2，r_4，$d_2\in Z_q^*$。挑战者 $\mathcal{C}$ 指定 $U_i=u_i\cdot P$ 及 $\lambda_i=(r_1\cdot P_{\mathrm{pub}}+r_2\cdot X)^{-1}\cdot(\sigma_i\cdot P-r_4\cdot U_i)$，并将元组 $(\mathrm{ID_{obu}},T_i,r_1)$、$(\mathrm{ID_{obu}},T_i,d_2,r_2)$ 和 $(\mathrm{ID_{obu}},T_i,U_i,\lambda_i,M_i,r_4)$ 分别加入表 H_1^{list}、表 H_2^{list} 和表 H_4^{list} 中。最后，挑战者 $\mathcal{C}$ 将 $\{U_i,\sigma_i,\lambda_i,M_i,T_i\}$ 返回给敌手 $\mathcal{A}$。

Verification：验证者检查等式 $\sigma_i\cdot P=\lambda_i\cdot(R_1\cdot\mathrm{PK_{pub}}+\mathrm{PK_{TPD}}\cdot R_2)+U_i\cdot R_4$ 是否成立。如果不成立，验证算法输出 0，进程终止。否则验证算法输出 1，签名通过并被接受。

接下来，伪造阶段如下所示。

根据 Forking 引理，如果一个敌手 $\mathcal{A}$ 能够输出一个可以以不可忽略的概率成功通过验证的签名，那么敌手 $\mathcal{A}$ 就可以通过使用同一个随机预言机模型利用不同的输入以不可忽略的概率输出另一个签名。因此，敌手 $\mathcal{A}$ 可以通过选择不同的 R_2 值并保持 λ_i 的值不变来重复整个过程以输出另一个签名 $\{U_i^*,\sigma_i^*,\lambda_i^*,M_i^*,T_i^*\}$ ，注意 R_2 的值改变的同时也导致了 σ_i 的改变，这样可以得到以下式子：

$$\begin{cases}\sigma_i \cdot P = \lambda_i \cdot (R_1 \cdot \mathrm{PK_{pub}} + X \cdot R_2) + U_i \cdot R_4 \\ \sigma_i' \cdot P = \lambda_i \cdot (R_1 \cdot \mathrm{PK_{pub}} + X \cdot R_2') + U_i \cdot R_4\end{cases}$$

从而可以得到

$$(\sigma_i - \sigma_i') \cdot P = \lambda_i \cdot X \cdot (R_2 - R_2')$$

$$x = (R_2 - R_2')^{-1} \cdot \lambda_i^{-1} \cdot (\sigma_i - \sigma_i')$$

最后，挑战者 $\mathcal{C}$ 输出 $(R_2 - R_2')^{-1} \cdot \lambda_i^{-1} \cdot (\sigma_i - \sigma_i')$ 作为离散对数难题实例 $(P, \mathrm{PK_{TPD}} = x \cdot P = X)$ 的解，然而，这与离散对数问题公认的困难性冲突。因此，该密钥隔离安全的认证方案在随机预言机模型下是不可伪造的并且可以抵抗自适应性选择消息攻击。

除上述的不可伪造性以外，本节方案还具有以下四个主要的安全特性。

1）前向安全性

假设密钥不慎泄露导致攻击者得到了当前时间段 i 的临时密钥 $\mathrm{SK_{obu}^{\mathit{i}}}$ ，那么攻击者要想得到前一个时间段 $i-1$ 的临时密钥只有通过式子 $\mathrm{SK_{obu}^{\mathit{i}}} = \mathrm{SK_{obu}^{\mathit{i}-1}} + K_{\mathrm{part}}^{i}$ 进行计算，即必须持有当前时间段的部分密钥才能完成计算。而 OBU 完成每个时间段的密钥更新后，都会自动地将 $\mathrm{SK_{obu}^{\mathit{i}-1}}$ 和 K_{part}^{i} 移除，攻击者无法直接获取上一时间段的密钥，也无法通过获取到当前时间段的部分密钥去计算出上一时间段的密钥，因此，本节方案可以提供前向安全性。

2）后向安全性

假设密钥不慎泄露导致攻击者得到了当前时间段 i 的临时密钥 $\mathrm{SK_{obu}^{\mathit{i}}}$ ，攻击者要想得到下一个时间段 $i+1$ 的临时密钥可以通过两种方式计算： $\mathrm{SK_{obu}^{\mathit{i}+1}} = \mathrm{SK_{msk}} \cdot H_1(\mathrm{ID_{obu}}) + \mathrm{SK_{TPD}} \cdot \alpha_{i+1}$ 和 $\mathrm{SK_{obu}^{\mathit{i}+1}} = \mathrm{SK_{obu}^{\mathit{i}}} + K_{\mathrm{part}}^{i+1}$ 。第一种方式显然不可行，因为攻击者需要得到整个系统的主密钥、TPD 的私钥，这与整个系统的安全性是矛盾的。在密码学方案设计中，一般假设系统主密钥与系统中安全设备的私钥都是安全的，如果没有此假设，那么密码学方案的研究也就无从着手。第二种方式通过当前的临时私钥与部分密钥进行下一时间段私钥的计算，但是，部分密钥只有在下一时间段时 TPD 通过安全通道发送给对应的 OBU，无法提前在当前时间段 i 得到，也无法在下一时间段 $i+1$ 时截取到，因此，本节方案可以提供后向安全性。

3）防重放攻击

整个方案均在过程参数中添加了当前时间段的时间戳，各个参数的值根据每个时间段的变化而更新改变。如果攻击者在不更改时间戳的情况下对之前的消息进行重放，那么 RSU 在认证前首先就会检查时间戳的新鲜性，显然因为消息是重放的，此时的时间戳并不新鲜，所以路侧单元会终止操作并拒绝此消息。另外，方案中存在大量的随机数，使得每一次每个时间段认证过程中产生的参数均存在差异，因此本节方案可防重放攻击。

4）防中间人攻击

中间人攻击可以分为两种目的：信息篡改和信息窃取。一方面，以信息篡改为目的的中间人攻击。当车辆用户与路侧单元进行通信时，都由攻击者进行“转发”，车辆用户与 RSU 之间其实并没有真正意义上的直接通信，信息传递均由攻击者作为中介进行，而通信认证双方意识不到，以为它们是直接通信的。攻击者截取车辆用户发给 RSU 的认证信息 $\{U_i,\sigma_i,\omega_i,\theta_i,M_i,T_i\}$，并以通过 RSU 的认证为目的尝试对其中的信息进行篡改。然而，可以发现，攻击者对参数的任何修改，均会改变认证过程中的消息，从而导致认证无法通过。另一方面，以信息窃取为目的的中间人攻击。当车辆用户与 RSU 进行认证通信时，攻击者并不主动进行“转发”，而是把得到的数据进行备份以分析用户网络活动及用户私有信息等。然而，车辆用户发送给 RSU 的认证信息中的参数均具有极强的随机性，且都是根据时间不同而更新的，因此攻击者无法根据收集到的每个时间段的信息去推测出任何与车辆用户相关的信息。所以，本节方案可抵抗中间人攻击。

2. 性能分析

为了检验本节方案在实际中的性能，实验在配置为 Intel（R）Core（TM）i7 的 Windows10 操作系统下进行，并通过使用 TEPLA 库（包含 GMP 库和 Openssl）实现了本节方案中的密码学操作。TEPLA 椭圆曲线与线性对库是一个免费的 C 库，它提供了 254 位素数有限域的运算、Barreto-Neahrig 曲线上的椭圆曲线运算和 BN 曲线上的双线性对运算等函数。为了搭配 TEPLA 库所需的系统环境，需要使用 MinGW64 和 MSYS 来模拟 Linux 系统环境以完成密码库的编译。在安装 TEPLA 库之前，需要先安装好 GNU MP 库和 Openssl 库。GNU MP 库是一个与大数操作相关的免费库，Openssl 库主要用于实现密码学的相关操作。

试验结果表明，本节方案在签名阶段和认证阶段的时间消耗分别为 1.050ms 和 3.683ms。本章将该方案与七个现有的相似认证方案进行了对比，其中包括一个车联网下无双线性对的认证方案，以及六个密钥隔离认证方案。需要注意的是，在此处对比中，只考虑签名阶段和认证阶段的时间消耗。为了便于更好地理解，表 4.2 列出了在对比中使用到的符号描述，表 4.3 给出了对比的几个方案在理论上计算消耗的对比结果，表 4.4 展示了对比的几个方案的实际运行时间。由于方案中的其他操作耗时与表 4.2 中列出的需要考虑的操作耗时相比是可忽略不计的，所以在计算时间消耗时不用考虑进来。

表 4.2　对比中的符号定义

符号	定义
T_{exp}	一次取幂操作的运行时间
$T_{\text{bili-pairing}}$	一次双线性对操作的运行时间
$T_{\text{bilipair-mul}}$	一次双线性对相乘的运行时间
$T_{\text{poi-add}}$	一次椭圆曲线上点加的运行时间
$T_{\text{poi-mul}}$	一次椭圆曲线上倍点的运行时间
T_{h}	一次 Hash 函数的运行时间

根据表 4.3 可知，从认证阶段来看，Wang 和 Yao[1]的方案中 RSU 需要进行两次 Hash 运算、三次双线性对运算和一次倍点运算；Weng 等[2]的方案和 Zhou 等[3]的方案中 RSU 均需要进行三次 Hash 运算、四次双线性对运算和两次倍点运算；Chen 等[4]的方案中 RSU 需要进行一次取幂运算、四次双线性对运算和两次倍点运算；Zhao 等[5]的方案中 RSU 需要进行一次 Hash 运算、三次双线性对运算、一次倍点运算、一次点加运算和一次椭圆曲线上的倍点运算；Wan 等[6]的方案中 RSU 需要进行五次双线性对运算和三次倍点运算；Weng 等[7]的方案中 RSU 需要进行六次双线性对运算和四次倍点运算。众所周知，双线性对运算是比较耗时的运算，而 Hash 函数是最节省时间的运算。列出的各个运算按时间消耗程度可以排列为 $T_{\text{bili-pairing}} > T_{\text{poi-mul}} > T_{\text{exp}} > T_{\text{bilipair-mul}} \approx T_{\text{poi-add}} > T_{\text{h}}$。

表 4.3　签名与认证阶段理论计算消耗比较

对比方案	签名阶段	认证阶段
Wang 和 Yao[1]的方案	$T_{\text{poi-add}} + 3T_{\text{h}} + 4T_{\text{poi-mul}}$	$2T_{\text{h}} + 3T_{\text{bili-pairing}} + T_{\text{bilipair-mul}}$
Weng 等[2]的方案	$T_{\text{poi-mul}} + T_{\text{h}}$	$3T_{\text{h}} + 4T_{\text{bili-pairing}} + 2T_{\text{bilipair-mul}}$
Zhou 等[3]的方案	$2T_{\text{exp}} + T_{\text{h}}$	$3T_{\text{h}} + 4T_{\text{bili-pairing}} + 2T_{\text{bilipair-mul}}$
Chen 等[4]的方案	$7T_{\text{exp}}$	$T_{\text{exp}} + 4T_{\text{bili-pairing}} + 2T_{\text{bilipair-mul}}$

续表

对比方案	签名阶段	认证阶段
Zhao 等[5]的方案	$2T_{\text{poi-mul}} + T_h$	$T_{\text{h}} + 3T_{\text{bili-pairing}} + T_{\text{bilipair-mul}} + T_{\text{poi-mul}} + T_{\text{poi-add}}$
Wan 等[6]的方案	$6T_{\text{exp}}$	$5T_{\text{bili-pairing}} + 3T_{\text{bilipair-mul}}$
Weng 等[7]的方案	$6T_{\text{exp}}$	$6T_{\text{bili-pairing}} + 4T_{\text{bilipair-mul}}$
本节方案	$2T_{\text{poi-mul}} + 4T_{\text{h}}$	$7T_{\text{poi-mul}} + 2T_{\text{poi-add}} + 4T_{\text{h}}$

表 4.4 签名与认证阶段实际计算消耗比较

对比方案	签名阶段/ms	认证阶段/ms
Wang 和 Yao[1]的方案	2.104	4.724
Weng 等[2]的方案	0.524	6.305
Zhou 等[3]的方案	0.063	6.305
Chen 等[4]的方案	0.217	6.333
Zhao 等[5]的方案	1.047	5.255
Wan 等[6]的方案	0.186	7.882
Weng 等[7]的方案	0.186	9.462
本节方案	1.050	3.683

从表 4.4 可以看出，本节方案在认证阶段中有较高的效率，这是因为采用了相对轻量级的运算进行构造。为了更清楚地展示这一优势，本节方案与其他七个方案相比的改进率定义为$(T_{[\text{num}]} - T_{[\text{ours}]}) / T_{[\text{num}]}$，其中$T_{[\text{num}]}$指文献号为 num 所对应的方案的时间消耗，$T_{[\text{ours}]}$指本节方案的时间消耗。在认证阶段，本节方案相对于其他七个方案的改进率分别为$(4.724 - 3.683) / 4.724 \times 100\% \approx 22.04\%$、$(6.305 - 3.683) / 6.305 \times 100\% \approx 41.59\%$、$(6.305 - 3.683) / 6.305 \times 100\% \approx 41.59\%$、$(6.333 - 3.683) / 6.333 \times 100\% \approx 41.84\%$、$(5.255 - 3.683) / 5.255 \times 100\% \approx 29.91\%$、$(7.882 - 3.683) / 7.882 \times 100\% \approx 53.27\%$、$(9.462 - 3.683) / 9.462 \times 100\% \approx 61.08\%$。

本节方案在签名阶段的计算时间消耗略高于已有部分方案，这是因为在签名阶段需要进行必要的运算去实现密钥隔离和提供更好的安全性。虽然本节方案的计算时间消耗提升以牺牲签名阶段的效率为代价，但密钥隔离的实现有效地应对了密钥泄露问题，让安全性得以提升，这是具有一定现实意义的。总的来说，本节方案在安全性和效率之间实现了更好的折中。

4.2　密钥隔离的可否认的认证

通常的认证方案普遍使用了数字签名，数字签名的主要特性便是不可否认性，即发送者不能否认自己的行为和行为发生的时间。但是在某些特定情况下，认证方案需要实现可否认性，例如，车辆用户总是不可避免地会向服务提供商请求其他服务，服务提供商在提供服务的同时，也许会存在将用户服务请求信息转发给第三方的行为，由此可否认性是十分必要的。可否认认证的核心在于服务提供商可以生成与车辆用户服务请求消息无区别的信息，使得第三方在获取到服务提供商提供的用户服务请求消息后，无法区分该消息是来源于服务提供商伪造生成还是确实由车辆用户生成，从而用户可以对自己请求过某种服务的行为进行否认。基于上述特定场景需要，本节将介绍一种密钥隔离安全的可否认认证方案，适用于车联网下车辆用户向服务提供商请求服务时的认证环境。

在本节方案中，主要包含四个实体：可信第三方、OBU、TPD 和 SP。其中，OBU 和 SP 是该认证方案的两个核心实体；可信第三方主要负责车辆注册信息表的维护与发生争议时的追踪；TPD 负责协助车辆用户生成临时密钥。该方案实现了有条件的可追踪性、车辆用户的匿名性及可否认等安全特性，并且抵抗重放攻击和中间人攻击。在该方案中，有条件的可追踪性指在发生争议时只有可信第三方可以对恶意车辆的身份进行追踪；车辆用户的匿名指车辆在向 SP 请求服务时使用假名进行活动；可否认性指车辆指定提供服务的 SP 可以对车辆用户进行认证，但该 SP 却无法向第三方证明该消息的来源。可否认认证与传统认证最明显的区别在于，传统认证在签名阶段只有发送者可以生成有效签名，在认证阶段每个人都可以验证其有效性，而可否认认证是发送者和接收者都可以生成有效认证信息。

整个方案主要有五个阶段：系统初始化、车辆注册、请求服务、认证和身份揭示。其中，系统初始化阶段主要用于各实体的初始化；车辆注册阶段主要用于车辆在加入车联网环境时向可信第三方处注册，同时可信第三方更新车辆注册表；请求服务阶段主要用于完成车辆用户在需要向 SP 请求服务时进行的一系列操作；认证阶段主要用于 SP 收到车辆用户的请求服务信息后，完成对车辆用户的一系列认证过程；身份揭示阶段主要用于完成在车联网环境中出现恶意车辆节点或者请求服务认证发生争议时，可信第三方根据 SP 提交的相关信息对恶意车辆进行身份揭示。

4.2.1　方案设计

为了更好地理解本节方案，首先介绍本节方案所用到的符号及其定义，如表 4.5 所示。

表 4.5　符号及其定义

符号	定义
p,q	两个大素数
$\mathrm{GF}(p)$	有限域，由 p 个元素定义在多项式上的加法和乘法运算组成
g	有限域 $\mathrm{GF}(p)$ 中的生成元
H_1,H_2,H_3,H_4	四个 Hash 函数，其中 $H_1:\{0,1\}^*\to Z_q$，$H_2:\{0,1\}^*\to Z_q$，$H_3:\{0,1\}^*\to Z_q$，$H_4:\{0,1\}^*\to Z_q$
$\mathrm{SK}_{\mathrm{msk}}$	系统主密钥
$\mathrm{PK}_{\mathrm{pub}}$	系统公钥
$\mathrm{SK}_{\mathrm{TPD}}$	TPD 的私钥
$\mathrm{PK}_{\mathrm{TPD}}$	TPD 的公钥
$\mathrm{SK}_{\mathrm{SP}}$	SP 的私钥
$\mathrm{PK}_{\mathrm{SP}}$	SP 的公钥
v_{obu}	追踪索引
T_i	时间段 i 的时间戳
$\mathrm{ID}_{\mathrm{obu}}$	OBU 的身份
K_{part}^i	时间段 i 时的部分密钥，由 TPD 生成，为 OBU 的私钥更新
$\mathrm{SK}_{\mathrm{obu}}^i$	OBU 在时间段 i 时的临时私钥
$\mathrm{PK}_{\mathrm{obu}}^i$	OBU 在时间段 i 时的临时公钥
$\mathrm{PID}_{\mathrm{obu}}^i$	OBU 在时间段 i 时的假名
M_i	在时间段 i 的请求服务相关信息
σ_i	OBU 在时间段 i 时的签名
$\oplus$	异或操作
$\Vert$	消息连接操作

4.2.2　系统初始化阶段

在此阶段中，车联网内的各个实体完成初始化操作。

可信第三方方面，首先选取有限域 GF(p) 上的一个生成元 g，选取四个安全的 Hash 函数 H_1、H_2、H_3 和 H_4，其中 $H_1:\{0,1\}^* \to Z_q$、$H_2:\{0,1\}^* \to Z_q$、$H_3:\{0,1\}^* \to Z_q$、$H_4:\{0,1\}^* \to Z_q$，以及选择一个随机数 $\mathrm{SK}_{\mathrm{msk}} \in Z_q^*$ 作为系统主密钥，并计算出对应的系统公钥 $\mathrm{PK}_{\mathrm{pub}} = g^{\mathrm{SK}_{\mathrm{msk}}}$。然后可信第三方选择随机数 $\mathrm{SK}_{\mathrm{TPD}} \in Z_q^*$ 作为 TPD 的私钥，并计算出其对应的公钥 $\mathrm{PK}_{\mathrm{TPD}} = g^{\mathrm{SK}_{\mathrm{TPD}}}$，将密钥对 $\langle \mathrm{SK}_{\mathrm{TPD}}, \mathrm{PK}_{\mathrm{TPD}} \rangle$ 预加载入 TPD 中，并公布公共参数集合 $\{p, q, g, \mathrm{PK}_{\mathrm{pub}}, \mathrm{PK}_{\mathrm{TPD}}, H_1, H_2, H_3, H_4\}$。

SP 方面，选取一个随机数 $\mathrm{SK}_{\mathrm{SP}} \in Z_q^*$ 作为私钥，计算对应的公钥 $\mathrm{PK}_{\mathrm{SP}} = g^{\mathrm{SK}_{\mathrm{SP}}}$。

TPD 方面，通过使用车辆身份的 Hash 值（TPD 默认持有其对应 OBU 的身份）、系统公钥、TPD 本身的私钥和初始时间戳，可以计算出辅助参数的初始值（即在第 0 时间段的值）$\alpha_0 = H_2[H_1(\mathrm{ID}_{\mathrm{obu}}) \| \mathrm{PK}_{\mathrm{pub}}^{\mathrm{SK}_{\mathrm{TPD}}} \| T_0]$，那么在时间段 i 的辅助参数即定义为 $\alpha_i = H_2[H_1(\mathrm{ID}_{\mathrm{obu}}) \| \mathrm{PK}_{\mathrm{pub}}^{\mathrm{SK}_{\mathrm{TPD}}} \| T_i]$。利用辅助参数，可以计算出初始部分密钥（辅助密钥）$K_{\mathrm{part}}^0 = \mathrm{SK}_{\mathrm{TPD}} \cdot \alpha_0$，以此类推在时间段 i 的部分密钥为 $K_{\mathrm{part}}^i = \mathrm{SK}_{\mathrm{TPD}} \cdot \alpha_i$。每个时间段，TPD 通过安全通道将部分密钥发送给对应的 OBU。

OBU 方面，利用自己的身份、秘密值、初始时间戳和得到的初始部分密钥可以计算出初始私钥 $\mathrm{SK}_{\mathrm{obu}}^0 = v_{\mathrm{obu}} \cdot H_2(\mathrm{ID}_{\mathrm{obu}} \| T_0) + \mathrm{SK}_{\mathrm{TPD}} \cdot \alpha_0 \bmod p$，那么在时间段 i 的 OBU 私钥则为 $\mathrm{SK}_{\mathrm{obu}}^i = v_{\mathrm{obu}} \cdot H_2(\mathrm{ID}_{\mathrm{obu}} \| T_i) + \mathrm{SK}_{\mathrm{TPD}} \cdot \alpha_i \bmod p$，其对应的公钥为 $\mathrm{PK}_{\mathrm{obu}}^i = g^{\mathrm{SK}_{\mathrm{obu}}^i}$，密钥按照每个时间段的不同而更新，密钥更新之后 OBU 均移除当前时间段的部分密钥 K_{part}^i。

4.2.3 车辆注册阶段

每个车辆在加入车联网环境进行活动之前，都需要在车联网内可信第三方处进行注册，以便于后续车辆用户进行恶意活动时可信第三方的追踪。车辆注册阶段如下所示。

在车辆加入车联网时，车辆首先选择一个随机数 $c \in Z_q^*$ 作为自己的秘密值，计算 $\pi = g^c$；再使用系统公钥 $\mathrm{PK}_{\mathrm{pub}}$ 计算追踪索引 $v_{\mathrm{obu}} = \mathrm{PK}_{\mathrm{pub}}^c$，将元组 $\langle \mathrm{ID}_{\mathrm{obu}}, \pi \rangle$ 发送给可信第三方进行注册与备份。

可信第三方保存并维护一个车辆注册信息表，表中数据存储格式为 $\langle v_{\mathrm{vehicle}}, \mathrm{ID}_{\mathrm{vehicle}} \rangle$，其中 v_{vehicle} 表示车辆 vehicle 的追踪索引，$\mathrm{ID}_{\mathrm{vehicle}}$ 表示车辆 vehicle 的身份。车辆注册时，可信第三方收到申请注册车辆的 $\langle \mathrm{ID}_{\mathrm{obu}}, \pi \rangle$ 信息后，通过使用系统主密钥 $\mathrm{SK}_{\mathrm{msk}}$ 计算出追踪索引 $v_{\mathrm{obu}} = \mathrm{PK}_{\mathrm{pub}}^c = \pi^{\mathrm{SK}_{\mathrm{msk}}}$，并将元组 $\langle v_{\mathrm{obu}}, \mathrm{ID}_{\mathrm{obu}} \rangle$ 保存在车辆注册信息表中。

4.2.4　请求服务阶段

当车辆用户需要向服务提供商请求服务时，进行以下操作。

步骤 1：OBU 首先利用系统公钥、自己的私钥、秘密值和当前时间戳生成当前时间段 i 的假名 $\mathrm{PID}_{\mathrm{obu}}^{i}=\mathrm{PK}_{\mathrm{pub}}^{\mathrm{SK}_{\mathrm{obu}}^{i}}\cdot v_{\mathrm{obu}}\cdot H_1(T_i)$。

步骤 2：选取两个随机数 $r_i\in Z_q^*$ 和 $u_i\in Z_q^*$，分别计算四个参数 $R_i=g^{r_i}$ 、$U_i=g^{u_i}$ 、$\lambda_i=\mathrm{PK}_{\mathrm{SP}}^{r_i}$ 和 $\omega_i=\mathrm{PK}_{\mathrm{SP}}^{u_i}$ 。

步骤 3：根据上一步得到的参数、车辆用户公钥、当前时间戳 T_i 及请求服务消息 M_i 分别计算参数 $\rho_i=\mathrm{PK}_{\mathrm{obu}}^{i}\oplus\lambda_i\oplus\omega_i$ 和 $\eta_i=\lambda_i\oplus\omega_i\oplus H_1(T_i)\oplus M_i$ ，并计算出参数 η_i 的 Hash 值 $\beta_i=H_3(\eta_i)$ 。

步骤 4：根据前三步得到的参数和车辆自己当前时间段的临时私钥，计算出参数 $\delta_i=\lambda_i\cdot\eta_i+\omega_i \bmod p$ 和签名 $\sigma_i=\mathrm{SK}_{\mathrm{obu}}^{i}+\beta_i\cdot u_i+r_i \bmod p$ 。

步骤 5：利用签名 σ_i 和 SP 的公钥计算出会话密钥 $k=(\mathrm{PK}_{\mathrm{SP}})^{\sigma_i}$ ，并计算出与会话密钥和请求服务消息相关的 Hash 值 $\mathrm{MAC}=H_4(k\,\|\,M_i)$ ，将消息 $(\mathrm{PID}_{\mathrm{obu}}^{i},\rho_i,U_i,R_i,\delta_i,\mathrm{MAC},T_i)$ 发送给 SP。

4.2.5　认证阶段

SP 收到车辆用户发送的请求服务信息 $(\mathrm{PID}_{\mathrm{obu}}^{i},\rho_i,U_i,R_i,\delta_i,\mathrm{MAC},T_i)$ 后，执行以下步骤进行认证。

步骤 1：SP 首先验证消息中时间戳 T_i 的有效性，如果 T_i 与当前时间戳一致，则有效，计算 $H_1(T_i)$ 并进行下一步操作；否则，认证失败，SP 拒绝提供服务。

步骤 2：通过收到的参数 U_i 、R_i 和 SP 的私钥，计算参数 $\lambda_i'=R_i^{\mathrm{SK}_{\mathrm{SP}}}$ 和 $\omega_i=U_i^{\mathrm{SK}_{\mathrm{SP}}}$ 。

步骤 3：根据从车辆用户收到信息中的参数 δ_i 、ρ_i 和步骤 2 中计算得到的两个参数，计算出请求服务的车辆用户公钥 $\mathrm{PK}_{\mathrm{obu}}^{i}=\rho_i\oplus\lambda_i'\oplus\omega_i'$ 和参数 $\eta_i'=(\delta_i-\omega_i')/\lambda_i'$ ，并计算出参数 η_i' 的 Hash 值 $\beta_i'=H_3(\eta_i')$ 。

步骤 4：根据以上几个步骤计算出的信息，服务提供商可以得到车辆的请求服务消息 $M_i'=\lambda_i'\oplus\omega_i'\oplus H_1(T_i)\oplus\eta_i'$ 。

步骤 5：计算出会话密钥 $k'=\mathrm{PK}_{\mathrm{oub}}^{i\mathrm{SK}_{\mathrm{SP}}}\cdot U_i^{\beta_i'\mathrm{SK}_{\mathrm{SP}}}\cdot R_i^{\mathrm{SK}_{\mathrm{SP}}}$ 及与会话密钥和请求服务消息相关的 Hash 值 $\mathrm{MAC}'=H_4(k'\,\|\,M_i')$ 。检查计算出来的 MAC' 值与车辆发送给 SP 信息中的 MAC 值是否相等，如果相等，则验证通过，SP 根据请求服务的内容提供服务；否则，验证失败，SP 拒绝提供服务。

4.2.6 身份揭示阶段

本节方案具有有条件的可否认认证功能，虽然车辆用户可以对曾经发送给SP的请求服务消息进行否认以保护自己的隐私，同时SP也无法向其他第三方证明消息的来源，因为此消息SP也有能力生成。但是，在出现可疑或恶意车辆节点时，SP可提交相关信息给可信第三方，由可信第三方进行身份证实追踪和揭示。具体操作执行如下所示。

当发生争议时，SP将车辆用户的假名$\mathrm{PID}_{\mathrm{obu}}^{i}$、认证过程中计算得到的车辆公钥$\mathrm{PK}_{\mathrm{obu}}^{i}$和时间戳$T_i$通过安全信道提交给可信第三方；可信第三方收到消息$(\mathrm{PID}_{\mathrm{obu}}^{i},\mathrm{PK}_{\mathrm{obu}}^{i},T_i)$后，根据得到的信息及系统主密钥计算得到车辆对应的追踪索引$v_{\mathrm{obu}}=\mathrm{PID}_{\mathrm{obu}}^{i}/[\mathrm{PK}_{\mathrm{obu}}^{i\mathrm{SK}_{\mathrm{msk}}}\cdot H_1(T_i)]$；可信第三方在保存的车辆注册信息表中查询是否存在追踪索引v_{obu}，若不存在，则此消息为SP伪造；若存在，则查询到追踪索引v_{obu}对应的车辆身份$\mathrm{ID}_{\mathrm{obu}}$，对该车辆身份进行揭示。

4.2.7 方案分析

1. 安全分析

首先介绍本节方案的正确性证明。

定理4.3 本节方案中，SP有能力计算出与请求服务车辆用户的会话密钥相同的会话密钥。

证明 实际上，SP通过车辆用户发送的消息$(\mathrm{PID}_{\mathrm{obu}}^{i},\rho_i,U_i,R_i,\delta_i,\mathrm{MAC},T_i)$可以计算出一系列过渡参数，如车辆用户的公钥$\mathrm{PK}_{\mathrm{obu}}^{i}$，从而可以计算出会话密钥：

$$\begin{aligned}k&=(\mathrm{PK}_{\mathrm{SP}})^{\sigma_i}\\&=(\mathrm{PK}_{\mathrm{SP}})^{\mathrm{SK}_{\mathrm{obu}}^{i}+\beta_i\cdot u_i+r_i}\\&=(\mathrm{PK}_{\mathrm{SP}})^{\mathrm{SK}_{\mathrm{obu}}^{i}}\cdot(\mathrm{PK}_{\mathrm{SP}})^{\beta_i\cdot u_i}\cdot(\mathrm{PK}_{\mathrm{SP}})^{r_i}\\&=\mathrm{PK}_{\mathrm{obu}}^{i\mathrm{SK}_{\mathrm{SP}}}\cdot U_i^{\beta_i\mathrm{SK}_{\mathrm{SP}}}\cdot R_i^{\mathrm{SK}_{\mathrm{SP}}}\end{aligned}$$

所以，SP必然能够根据所收到的信息和自己的私钥在进行一系列计算后去对请求服务的车辆用户进行验证。

接下来对本节方案的安全性进行分析，本节方案具有以下六个主要的安全特性。

1）匿名性

本节方案中，车辆用户在请求服务过程中进行了匿名。在车辆请求服务时，车辆并没有直接使用自己的身份，而是生成了当前时间段 i 的假名 $\mathrm{PID}_{\mathrm{oub}}^{i}=\mathrm{PK}_{\mathrm{pub}}^{\mathrm{SK}_{\mathrm{obu}}^{i}}\cdot v_{\mathrm{obu}}\cdot H_1(T_i)$，并将假名包含在请求服务消息中发送给 SP。一方面，匿名性对于外部攻击者而言，外部攻击者无法通过截取请求服务信息发现车辆的真实身份，同时也无法根据请求服务消息中的任何参数计算出车辆的真实身份。另一方面，匿名性对于 SP 来说，SP 虽然不能直接从消息中知道车辆用户的真实身份，但是它可以根据得到的消息计算出车辆用户的公钥，从而确定车辆用户，所以匿名性也并不影响 SP 对车辆用户的认证。

2）可否认性

可否认性是本节方案中最核心的安全特性。可否认性指作为接收方的 SP 可以在多项式时间内模拟作为发送方的车辆用户来产生对于第三方来说不可区别的消息。给定请求服务消息 M_i，SP 的具体模拟过程如下所示。

（1）分别选取两个随机数 $\overline{r_i}\in Z_q^*$ 和 $\overline{u_i}\in Z_q^*$，分别计算四个参数 $\overline{R_i}=g^{\overline{r_i}}$、$\overline{U_i}=g^{\overline{u_i}}$、$\overline{\lambda_i}=\mathrm{PK}_{\mathrm{SP}}^{\overline{r_i}}$ 和 $\overline{\omega_i}=\mathrm{PK}_{\mathrm{SP}}^{\overline{u_i}}$。

（2）选取任意车辆公钥 $\overline{\mathrm{PK}_{\mathrm{obu}}^{i}}$，通过已知参数计算出参数 $\overline{\rho_i}=\overline{\mathrm{PK}_{\mathrm{obu}}^{i}}\oplus\overline{\lambda_i}\oplus\overline{\omega_i}$、$\overline{\eta_i}=\overline{\lambda_i}\oplus\overline{\omega_i}\oplus H_1(T_i)\oplus M_i$ 和 $\overline{\beta_i}=H_3(\overline{\eta_i})$。

（3）计算 $\overline{\delta_i}=\overline{\lambda_i}\cdot\overline{\eta_i}+\overline{\omega_i}\bmod p$。

（4）计算 $\overline{k}=(\mathrm{PK}_{\mathrm{obu}}^{i}\cdot\overline{U_i}^{\overline{\beta_i}}\cdot\overline{R_i})^{\mathrm{SK}_{\mathrm{SP}}}$ 和 $\overline{\mathrm{MAC}}=H_4(\overline{k}\,\|\,M_i)$。

由于车辆的匿名 $\overline{\mathrm{PID}_{\mathrm{obu}}^{i}}$ 主要用于发生争议时 SP 请求可信第三方揭示车辆身份，在请求服务的认证过程中并不起任何作用，且除可信第三方外其他实体均无法通过 $\overline{\mathrm{PID}_{\mathrm{obu}}^{i}}$ 得到任何信息，因此车辆匿名 $\overline{\mathrm{PID}_{\mathrm{obu}}^{i}}$ 对于第三方区分者来说是无法分辨的，所以 SP 随机选择一个匿名 $\overline{\mathrm{PID}_{\mathrm{obu}}^{i}}$，将消息 $(\overline{\mathrm{PID}_{\mathrm{obu}}^{i}},\overline{\rho_i},\overline{U_i},\overline{R_i},\overline{\delta_i},\overline{\mathrm{MAC}},T_i)$ 发送给第三方区分者。第三方区分者得到此消息后，由于 $\overline{U_i}$、$\overline{R_i}$、$\overline{\delta_i}$ 均具有随机性，而第三方区分者又无法通过匿名 $\overline{\mathrm{PID}_{\mathrm{obu}}^{i}}$ 和参数 $\overline{\rho_i}$ 得到任何与车辆用户相关的信息，且 $\overline{\mathrm{MAC}}$ 值可以由车辆用户和 SP 计算出来，所以对于第三方区分者来说，其无法分辨消息的真实来源，因此该方案具有可否认性。

另外，本节方案的可否认性还可以通过安全协议自动化验证工具 Cryptoverif 证明。首先给出本节方案安全目标的定义。

query *x*: *Q*, *y*: randomseed, *z*: *Q*;
event PortionReceiver(*y*)==＞WholeSender(*x*, *z*).　　（4.1）

query *x*: randomseed, *y*: randomseed;
event WholeThirdParty(*x*)==＞WholeReceiver(*y*).　　（4.2）

query event PortionThirdParty==＞true.　　（4.3）

query 表示需要验证的安全目标，event 表示一个事件，式（4.1）表示如果事件 PortionReceiver(*y*)发生，则在它之前事件 WholeSender(*x*, *z*)必然发生，式（4.1）

用来证明 SP 认证车辆用户。同理，式（4.2）表示如果事件 WholeThirdParty(x)发生，则在它之前事件 WholeReceiver(y)必然发生，式（4.2）用来证明第三方可以认证 SP。式（4.3）用来证明整个方案的可达性。如果能够证明以上所有描述，那么本节方案就具有可否认性。

接下来给出本节方案主要实体的行为活动。因为 Cryptoverif 对一些标准的密码原语和密码学假设进行了预定义，并以宏的形式保存在库文件 default.cvl 中，例如，本节方案使用到的选择密文公钥加密算法和 CDH 难题均有预定义，所以在需要使用时用 expand 语句将宏展开，并根据对应的预定义放入同类型的参数即可，如图 4.2 所示，其中 proba 表示定义了一个概率。

图 4.3 展示了 process 主进程，主要负责整体方案的初始化如公私钥的产生等，初始化完成后，执行语句((!N SenderProcess)|(!N ReceiverProcess)|(!N ThirdPartyProcess))启动车辆用户进程、SP 进程和第三方进程，其中“|”表示并行执行进程，“!N”表示进程的 N 个复制，start 和 c 均为通道。

```
proba Penc.

proba Penccoll.

expand IND_CCA2_public_key_enc(keyseed, publickey, privatekey, key, encryption,
randomseed, skgen, pkgen, enc, dec, injbot, Z, Penc, Penccoll).


proba PCDH.

expand CDH(G, Q, g, exp, mult, PCDH).
```

图 4.2　宏展开

```
process
    in(start, ());
    new rtp: keyseed;
    let skTP: privatekey=skgen(rtp)in
    let pkTP: publickey=pkgen(rtp)in
    new skS: Q;
    let pkS: G=exp(g, skS)in
    new skR: Q;
    let pkR: G=exp(g, skR)in
    out(c, (g, pkS, pkR, pkTP));
    ((!N SenderProcess)|(!N ReceiverProcess)|(!N ThirdPartyProcess))
```

图 4.3　process 主进程

图 4.4 为发送方的车辆用户进程。发送方车辆用户进程按照本节方案步骤生成一系列数据，例如，语句 let Ri: G=exp(g, rs1)对应方案过程中的 $R_i = g^{r_i}$，语句 let deltai: value=f1(lamdai, etai, omegai)对应方案中的 $\delta_i = \lambda_i \cdot \eta_i + \omega_i \bmod p$ 等，最后通过通道 c4 发送数据 concat3(Ri, Ui, deltai, hashinS, ts)。

```
let SenderProcess=
    in(c1, ());
    new ms: message;
    new rs1: Q;
    new rs2: Q;
    new ts: value;

    let Ri: G=exp(g, rs1)in
    let Ui: G=exp(g, rs2)in
    let lamdai: G=exp(pkR, rs1)in
    let omegai: G=exp(pkR, rs2)in
    let rosi: value=g1(pkS, lamdai, omegai)in
    let etai: value=concat1(lamdai, omegai, H(ts), ms)in

    let deltai: value=f1(lamdai, etai, omegai)in
    let keyinS: key=f2(pkR, skS, rs1, H(etai), rs2)in
    let hashinS: bitstring=H(concat2(keyinS, ms))in
    event WholeSender(rs1, rs2);
    out(c4, concat3(Ri, Ui, deltai, hashinS, ts)).
```

图 4.4　发送方的车辆用户进程

图 4.5 为接收方 SP 进程。接收方 SP 按照方案步骤计算出一系列过渡参数，并计算出会话密钥和 MAC 值，如果与车辆用户的相等，则再选取新的随机数和随机消息，使用 keyinR 计算出对应 MAC 值，并将 keyinR 在第三方公钥 pkTP 下加密为密文，通过通道 c5 发送数据 concat4(hashinRR, mrr, tr, encR)。

图 4.6 为第三方进程。该进程先通过第三方私钥 skTP 解密得到 SP 所生成的密钥，判断 H(concat2(keyinTP, mtp))=hashinTP 是否成立，如果成立，通过访问数组来判断 SP 是否有能力生成无区别的会话密钥和消息认证码，如果执行成功，则第三方无法确认消息来源。

图 4.7 展示了本节方案在 Cryptoverif 下的最后输出结果。可以看到安全目标全部被证明，说明了本节方案具有可否认性。

```
let ReceiverProcess=
    in(c2, conR: value);
    let concat3(rosiR: value, RiR: G, UiR: G, deltaiR: value, hashinR: bitstring, tr: value)=
conR in find j<=N suchthat defined(hashinS[j])&&(hashinR=hashinS[j])then
    let lamdaiinR: G=exp(RiR, skR)in
    let omegaiinR: G=exp(UiR, skR)in
    let pkSinR: G=g2(lamdaiinR, rosiR, omegaiinR)in
    let etaiinR: value=f1(omegaiinR, deltaiR, lamdaiinR)in
    let mr: message=f4(lamdaiinR, omegaiinR, H(tr), etaiinR)in

    let keyinR: key=f3(pkSinR, skR, UiR, H(etaiinR), RiR)in
    if H(concat2(keyinR, mr))=hashinR then

    new rr: randomseed;
    event PortionReceiver(rr);
    new mrr: message;
    let hashinRR: bitstring=H(concat2(keyinR, mrr))in
    event WholeReceiver(rr);
    let encR: encryption=enc(keyinR, pkTP, rr)in
    out(c5, concat4(hashinRR, mrr, tr, encR)).
```

图 4.5　接收方服务提供商进程

```
let ThirdPartyProcess=
    in(c5, conTP: value);
    let concat4(hashinTP: bitstring, mtp: message, ttp: value, encTP: encryption)=conTP in
    let injbot(keyinTP: key)=dec(encTP, skTP)in

    new rt: randomseed;
    if H(concat2(keyinTP, mtp))=hashinTP then
    find j1<=N suchthat defined(encR[j1])&&(encTP=encR[j1])
    then event WholeThirdParty(rt);
    find j<=N suchthat defined(keyinS[j])&&(keyinTP=keyinS[j])
    then event PortionThirdParty;
    out(c3, ()).
```

图 4.6　第三方进程

```
Proved event PortionThirdParty ==> true in game 3
Proved event WholeThirdParty(x) ==> WholeReceiver(y) in game 3
Proved event PortionReceiver(y) ==> WholeSender(x, z) in game 3
Adv[Game 1: event PortionThirdParty ==> true] <= 0 + Adv[Game 3: event PortionThirdParty ==> true]
Adv[Game 3: event PortionThirdParty ==> true] <= 0
RESULT Proved event PortionThirdParty ==> true
Adv[Game 1: event WholeThirdParty(x) ==> WholeReceiver(y)] <= 0 + Adv[Game 3: event WholeThirdParty(x) ==> WholeReceiver(y)]
Adv[Game 3: event WholeThirdParty(x) ==> WholeReceiver(y)] <= 0
RESULT Proved event WholeThirdParty(x) ==> WholeReceiver(y)
Adv[Game 1: event PortionReceiver(y) ==> WholeSender(x, z)] <= 0 + Adv[Game 3: event PortionReceiver(y) ==> WholeSender(x, z)]
Adv[Game 3: event PortionReceiver(y) ==> WholeSender(x, z)] <= 0
RESULT Proved event PortionReceiver(y) ==> WholeSender(x, z)
All queries proved.
```

图 4.7　输出结果

3）可追踪性

本节方案中，车辆虽然可以对自己请求服务的行为进行否认，但这只是基于正常情况下，如果在某些发生争议的特定情况下，就需要对车辆用户进行追踪。车辆的假名正是本节方案中可追踪性的关键所在。SP 通过从车辆用户处得到的消息，可以计算出车辆用户的公钥，接着将车辆用户假名、公钥和时间戳提交给可信第三方，由可信第三方执行身份揭示步骤，通过车辆的假名计算出其私有信息，并比对车辆登记表，对相应的车辆身份进行揭示，此时，车辆就无法对自己之前的行为进行否认，因此，本节方案具有可追踪性。

4）前后向安全

本节方案包含了密钥隔离方法且车辆用户密钥定时更新，因此也就具有了密钥隔离所具备的前后向安全性。

5）防重放攻击

本节方案在中间参数的运算过程中均加入了时间戳和随机数，即使攻击者对消息进行重放，也无法完全满足时间戳的变化及每一次随机数的变化，以致无法通过认证，因此本节方案抵抗重放攻击。

6）防中间人攻击

攻击者截获车辆用户请求服务的认证信息后，一方面，攻击者对消息的任一修改均能使 SP 在认证过程中中间参数值发生变化，从而影响到后续的认证，因此攻击者无法进行信息篡改。另一方面，因为消息中各参数均具有极强的随机性，并且车辆用户在发送消息时的匿名性，攻击者也无法根据消息窃取分析得到关于车辆用户的任何私有信息，所以本节方案可抵抗中间人攻击。

2. 性能分析

为了检验本节方案在实际中的性能，与其他五个同类型相似方案[8-12]进行对比实验。在对比中，只考虑主要阶段即请求服务阶段和认证阶段的时间消耗。为了便于更好地理解，表 4.6 列出了在此次对比中使用到的符号定义。

在实际中，由于异或运算、连接运算和普通的加法乘法运算的计算复杂度较低，与双线性对操作、倍点和取幂运算相比可以忽略不计，因此在进行方案对比时也并未考虑。表 4.6 中列出的各个运算操作按时间消耗程度可以依次排列为 $T_{\text{bili-pairing}} > T_{\text{poi-mul}} > T_{\exp} > T_{\text{poi-add}} > T_{\text{h}}$。表 4.7 给出了六个方案在理论上计算消耗的对比结果，表 4.8 展示了六个方案的实际运行时间。

表 4.6　对比中的符号定义

符号	定义
$T_{\exp}$	一次取幂操作的运行时间
$T_{\text{bili-pairing}}$	一次双线性对操作的运行时间
$T_{\text{poi-mul}}$	一次椭圆曲线上倍点的运行时间
$T_{\text{poi-add}}$	一次椭圆曲线上点加的运行时间
T_{h}	一次 Hash 函数的运行时间

表 4.7　请求服务和认证阶段理论计算消耗比较

对比方案	请求服务阶段	认证阶段
Hsu 等[8]的方案	$T_{\text{bili-pairing}} + T_{\text{poi-mul}} + T_{\exp} + 2T_{\text{h}}$	$T_{\text{bili-pairing}} + 2T_{\text{poi-mul}} + T_{\text{poi-add}} + T_{\text{h}}$
Jin 等[9]的方案	$T_{\text{bili-pairing}} + T_{\text{poi-mul}} + 3T_{\text{h}}$	$T_{\text{bili-pairing}} + T_{\text{poi-mul}} + 2T_{\text{h}}$
Jin 等[10]的方案	$5T_{\exp} + 3T_{\text{h}}$	$4T_{\exp} + 2T_{\text{h}}$
Chuang 等[11]的方案	$T_{\text{poi-mul}} + 3T_{\text{h}}$	$T_{\text{poi-mul}} + 3T_{\text{h}}$
Li 等[12]的方案	$T_{\text{bili-pairing}} + 3T_{\text{h}}$	$T_{\text{bili-pairing}} + 2T_{\text{h}}$
本节方案	$6T_{\exp} + 3T_{\text{h}}$	$4T_{\exp} + 3T_{\text{h}}$

表 4.8　请求服务和认证阶段实际计算消耗比较

对比方案	请求服务阶段/ms	验证阶段/ms
Hsu 等[8]的方案	2.127	2.627
Jin 等[9]的方案	2.097	2.096
Jin 等[10]的方案	0.158	0.126
Chuang 等[11]的方案	0.526	0.526
Li 等[12]的方案	1.574	1.573
本节方案	0.189	0.127

根据表 4.7 和表 4.8 可以看出，不论从请求服务阶段还是认证阶段来说，本节方案的效率都高于大多数同类方案，这是因为本节方案中以幂运算为主，其计算复杂度相比其他方案常用的双线性对和椭圆曲线上的倍点操作低出一到两个数量级。然而对于某些方案来说本节方案的时间消耗略高，这是因为本节方案除了在构造中选取了效率相对较高的运算操作，还满足了其他安全特性，如匿名性、可追踪性等。

参考文献

[1] Wang S，Yao N. LIAP：A local identity-based anonymous message authentication protocol in VANETs[J]. Computer Communications，2017，112：154-164.

[2] Weng J，Liu S，Chen K，et al. Identity-based key-insulated signature with secure key-updates[C]. International Conference on Information Security and Cryptology，Berlin，2006：13-26.

[3] Zhou Y，Cao Z，Chai Z. Identity based key insulated signature[C]. International Conference on Information Security Practice and Experience，Berlin，2006：226-234.

[4] Chen J，Wang W，Yu K. Attribute-based threshold key-insulated signature[J]. Revista Técnica de la Facultad de Ingenieria Universidad del Zulia，2016，39（5）：378-386.

[5] Zhao H，Yu J，Duan S，et al. Key-insulated aggregate signature[J]. Frontiers of Computer Science，2014，8（5）：837-846.

[6] Wan Z，Li J，Hong X. Parallel key-insulated signature scheme without random oracles[J]. Journal of Communications and Networks，2013，15（3）：252-257.

[7] Weng J，Li X，Chen K，et al. Identity-based parallel key-insulated signature without random oracles[J]. Journal of Information Science and Engineering，2008，24（4）：1143-1157.

[8] Hsu C L，Chuang Y H，Hung M T. An efficient deniable authentication protocol from pairings to protect users' privacy[J]. Chiang Mai Journal of Science，2014，41（52）：1384-1391.

[9] Jin C，Xu C，Li F，et al. A novel certificateless deniable authentication protocol[J]. International Journal of Computers and Applications，2015，37（3/4）：181-192.

[10] Jin C，Xu C，Zhang X，et al. An efficient certificateless deniable authentication protocol without pairings[J]. International Journal of Electronic Security and Digital Forensics，2015，7（2）：179-196.

[11] Chuang Y H，Hsu C L，Shu W，et al. A secure non-interactive deniable authentication protocol with certificates based on elliptic curve cryptography[J]. Studies in Computational Intelligence，2015，598：183-190.

[12] Li F，Xiong P，Jin C. Identity-based deniable authentication for ad hoc networks[J]. Computing，2014，96（9）：843-853.

第 5 章　轻量级车联网认证

5.1　基于椭圆曲线的车联网漫游认证

车联网在为用户提供如导航、娱乐、交通信息等服务时，也面临着数据的安全性和用户信息的隐私保护等挑战。例如，针对用户位置信息的追踪、传输信息的拦截与监听、车辆用户真实身份的揭露等。为了实现车辆之间的安全通信及车辆安全接入服务网络，必须提供安全认证与密钥协商机制。随着车联网认证及密钥协商方案研究的推进，一个新的问题也随之出现。由于针对车联网认证协商研究的基础环境都是在一个封闭区域中，即主要工作是在一个 RSU 覆盖范围内对 V2V（vehicle to vehicle）、V2I（vehicle to infrastructure）安全认证及密钥协商进行研究。但是在实际的应用中，车辆可能从一个城市移动到另一个城市，即从本地服务网络漫游到外地服务网络，而车联网服务提供商必须为用户提供无区别服务。因此，可以发现对于车联网中的漫游认证及密钥协商问题研究是具有必要性的。

在车联网多区域漫游环境下，由于存在用户基数大、节点移动速度快、漫游频繁的特点，传统的无线网络安全机制不适合直接应用在车联网跨域漫游环境中。例如，在传统的单个区域车联网中，只涉及对于一个 RSU 的认证，在漫游环境下，单个 RSU 将扩展成本地代理与多个外部代理，问题之一就是对于各个代理的认证要使用怎样的安全机制。另外，对于漫游认证协商的应用场景，有人指出可以使用两方认证模式，各个代理机构可以认证所有车辆节点。这个提议的确会使方案过程简单许多，不过考虑到多区域漫游环境的特点，这样的做法会使各个代理机构处于巨大的存储和计算压力之下。因此本节采用单个区域自治多区域管理的思想，由本地代理管理单个区域内的车辆，由外部代理管理漫游车辆。

综上所述，本节基于椭圆曲线设计了一个适用于车联网环境的漫游认证及密钥协商方案。方案过程如下：①漫游车辆发起请求信息；②外部代理初步验证并向本地代理发起请求信息；③本地代理验证车辆及外部代理真实性并返回响应消息；④外部代理验证本地代理真实性，计算临时会话密钥并返回响应消息；⑤车辆验证外部代理真实性并计算临时会话密钥；通过正确性分析、安全分析及性能分析，发现本节方案在计算效率和隐私安全保护之间实现了较好的权衡。方案应用场景及步骤如图 5.1 所示。

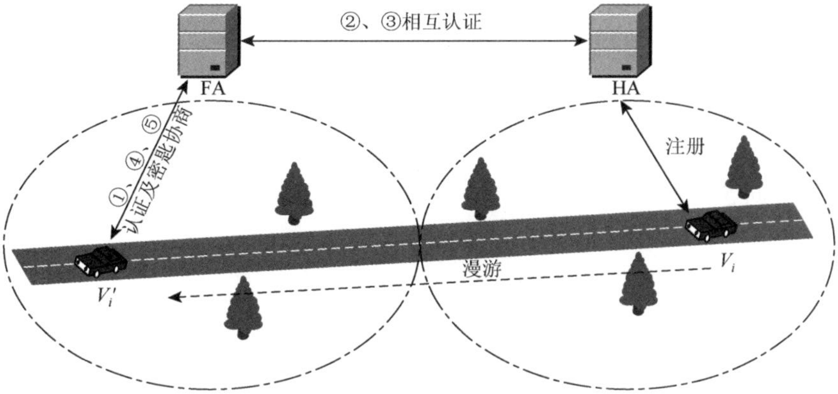

图 5.1　方案应用场景及步骤

在介绍本节方案之前，首先介绍本节方案的设计目标。本节方案的具体设计目标如下所示。

1. 提供漫游特性

在普通场景下，车辆可以和本地代理进行认证及密钥协商过程，当车辆漫游至其他城市时，可以通过漫游认证与外部代理之间协商出临时会话密钥，获得各种服务的同时保证通信安全。

2. 防止重放攻击

攻击者在公共信道中窃听并拦截请求消息，在等待一段时间后，将请求消息重新发送。不过由于本节方案中的请求响应消息都带有时间戳，因此，可以有效地防止重放攻击。

3. 双向可认证性

在漫游场景中，需要合法的车辆、外部代理、本地代理之间通过信息数据完成双向认证，在确认每个实体都是真实可靠之后会生成临时会话密钥供车辆与外部代理使用。

4. 防止冒充合法车辆

攻击者可以通过对窃取消息的分析计算，得到合法车辆的身份信息。但本节方案在双向认证过程中，通过将合法车辆的私钥嵌入椭圆曲线离散对数问题，使得攻击者不可获得车辆身份信息，有效地防止攻击者冒充合法车辆。

5. 防止冒充代理机构

与上述目标类似，攻击者通过对窃取消息的分析与计算，得到合法代理机构的身份信息。但本节方案在双向认证过程中，通过将代理机构的私钥嵌入椭圆曲线离散对数问题，使得攻击者不可获得代理机构的身份信息，有效地防止攻击者冒充代理机构。

6. 条件追踪

当出现争议事件或发现疑似攻击者的车辆时，外部代理可以将与这辆车的通信记录提交给本地代理，由本地代理查询真实身份并进行追踪，为后续处理工作提供帮助。

5.1.1 方案设计

本节所设计的漫游认证与密钥协商方案中包含车辆、本地服务代理和外地服务代理三个实体。其中V_i是车辆，HA 是本地服务代理，FA 是外地服务代理。当车辆从本地服务代理覆盖的区域漫游到外地服务代理所覆盖的区域时，将启动漫游认证协议。本节方案包含初始化与注册阶段和漫游认证与密钥协商阶段，其中初始化与注册阶段主要包括系统参数选择、车辆到本地服务代理进行注册等任务；漫游认证与密钥协商阶段主要由车辆、本地服务代理和外地服务代理三方同步协作完成漫游认证与密钥协商，主要完成本地服务代理与外地服务代理相互认证，本地服务代理认证车辆并将认证结果回传给外地服务代理，外地服务代理与车辆相互认证并完成会话密钥协商，本章符号定义如表 5.1 所示。

表 5.1 符号定义

符号	表示含义
V_i、FA、HA	车辆、外地服务代理、本地服务代理
PID、AID	假名、临时假名
P	椭圆曲线上的一个点
d_x	实体 x 的私钥
Q_x	实体 x 的公钥
T_x	实体 x 选取的时间戳
$[N_i(x),N_i(y)]$	V_i 与 HA 计算的椭圆曲线点坐标
$[N_{FA}(x),N_{FA}(y)]$	FA 与 HA 计算的椭圆曲线点坐标

续表

符号	表示含义
$[M_{FA}(x), M_{FA}(y)]$	V_i 与 FA 计算的椭圆曲线点坐标
ACK	认证通过后的确认消息
$H(\cdot)$	Hash 运算操作
$\|$	消息连接操作
$\oplus$	异或运算操作

1. 初始化与注册阶段

车辆选取一个随机数作为自己的私钥 d_i，生成并公开相应的公钥 $Q_i = d_i \cdot P$；FA 也选取一个随机数作为自己的私钥 d_{FA}，生成并公开相应的公钥 $Q_{FA} = d_{FA} \cdot P$。同样地，HA 也生成相应的公私钥对 d_{HA} 和 $Q_{HA} = d_{HA} \cdot P$，只是 HA 还需选取一个随机数 α 作为自己的秘密值。然后 FA 与 HA 之间通过安全信道确定两方之间的会话密钥 PWDFH，至此完成初始化。然后，V_i 可以向自己所在的 HA 处进行注册。V_i 向 HA 提供身份信息 ID_i，HA 接收之后为其计算假名 $PID_i = H(ID_i \| \alpha \| d_{HA})$，并将 PID_i 通过安全渠道返回给 V_i，至此完成注册。

2. 漫游认证与密钥协商

漫游认证与密钥协商阶段如图 5.2 所示。

1）V_i 向 FA 发起认证请求

V_i 首先选取一个随机数 n_i，然后计算 $E_i = n_i \cdot P$，$n_i \cdot Q_{HA} = [N_i(x), N_i(y)]$，然后使用 $N_i(x)$ 和 PID_i 计算临时假名 $AID_i = PID_i \oplus H[N_i(x)]$。接下来 V_i 选取时间戳 T_{V_i}，并计算参数 $K_i = N_i(x) \cdot P$，以及 $R_i = (d_i + n_i)(Q_{HA} + K_i)$ 和 $h_i = H(ID_{HA} \| R_i \| T_{V_i})$，并将消息序列 $\{ID_{HA}$、AID_i、E_i、T_{V_i}、$h_i\}$ 发送给 FA。

2）FA 向 HA 发起验证请求

FA 收到 V_i 的消息序列后，首先检查时间戳 T_{V_i} 是否有效，然后查看是否是发送给自己的请求，如果是的话，进行验证。否则，FA 选取一个随机数 n_{FA}，然后计算 $E_{FA} = n_{FA} \cdot P$，$n_{FA} \cdot Q_{FA} = [N_{FA}(x), N_{FA}(y)]$，之后提取时间戳 T_{FA}，并计算参数 $K_{FA} = N_{FA}(x) \cdot P$，以及参数 $R_{FA} = (d_{FA} + n_{FA})(Q_{HA} + K_{FA})$、$h_\alpha = H(ID_{HA} \| R_{FA} \| T_{FA})$ 和 $\varepsilon = h_\alpha \oplus PWD_{FH}$，然后将消息序列 $\{ID_{HA}$、AID_i、E_i、E_{FA}、T_{FA}、T_{V_i}、h_i、$\varepsilon\}$ 发送给 HA。

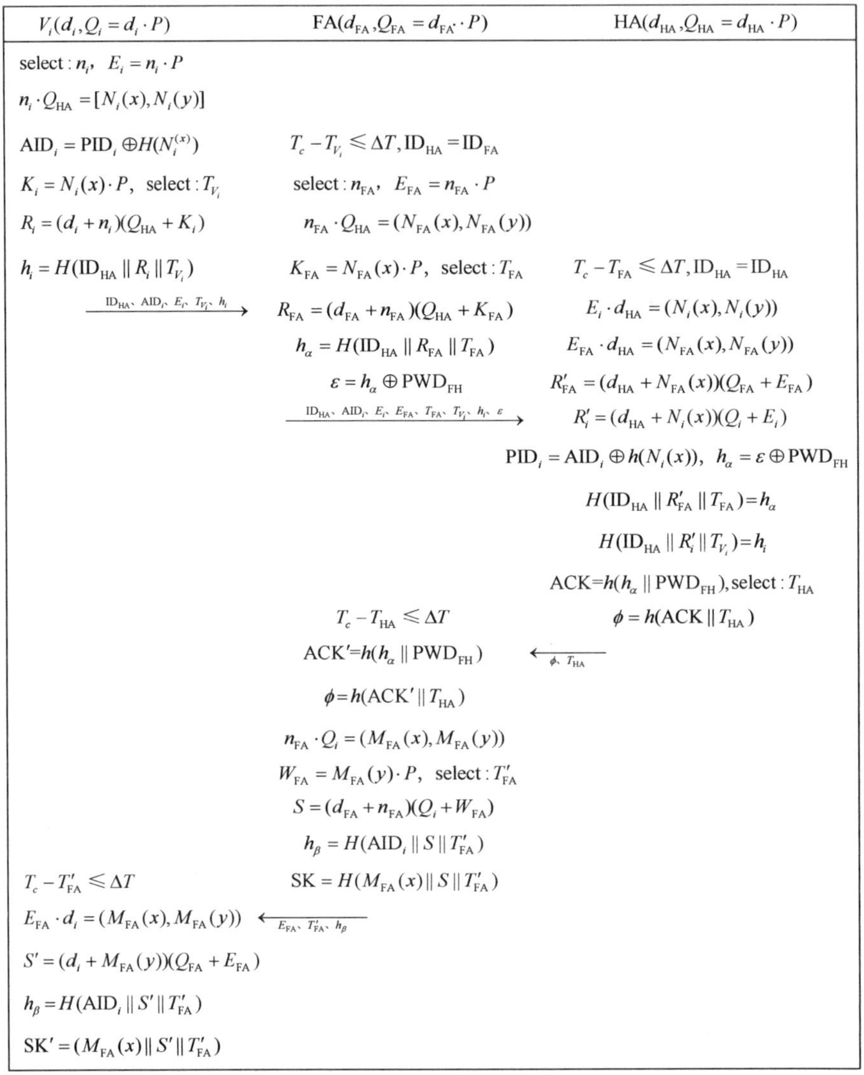

图 5.2　漫游认证与密钥协商阶段

3）HA 进行验证并给 FA 返回响应

HA 收到 FA 的消息序列后，首先检查时间戳 TFA 是否有效，然后确认该消息是否为发送给自己的请求，如果不是，忽略该消息。否则，通过私钥计算参数 $E_i \cdot d_{\mathrm{HA}} = [N_i(x), N_i(y)]$ 和 $E_{\mathrm{FA}} \cdot d_{\mathrm{HA}} = [N_{\mathrm{FA}}(x), N_{\mathrm{FA}}(y)]$。然后计算参数 $R'_{\mathrm{FA}} = [d_{\mathrm{HA}} + N_{\mathrm{FA}}(x)](Q_{\mathrm{FA}} + E_{\mathrm{FA}})$ 及 $R'_i = [d_{\mathrm{HA}} + N_i(x)](Q_i + E_i)$。使用 $N_i(x)$和 AID_i 还原出 PID_i，使用 $\mathrm{PWD}_{\mathrm{FH}}$ 还原出 h_α，然后验证等式 $H(\mathrm{ID}_{\mathrm{HA}} \| R'_{\mathrm{FA}} \| T_{\mathrm{FA}}) = h_\alpha$ 和 $H(\mathrm{ID}_{\mathrm{HA}} \| R'_i \| T_{V_i}) = h_i$ 是否成立，如果不成立，则验证失败，忽略该消息；否则，验证成功，FA

与 V_i 的身份得到验证。然后 HA 选取时间戳 T_{HA}，并计算 $\mathrm{ACK}=H(h_\alpha \| \mathrm{PWD}_{\mathrm{FH}})$ 和 $\phi=H(\mathrm{ACK}\|T_{\mathrm{HA}})$，最后将消息序列 $\{\phi$、$T_{\mathrm{HA}}\}$ 发送给 FA。

4）FA 确认 HA 身份并与 V_i 进行密钥协商

FA 收到 HA 的消息序列后，首先检查时间戳 T_{HA} 是否有效，然后使用 h_α 和 $\mathrm{PWD}_{\mathrm{FH}}$ 计算出 ACK'，验证等式 $\phi=H(\mathrm{ACK}'\|T_{\mathrm{HA}})$ 是否成立，如果不成立，身份验证失败，忽略该消息。如果等式成立，则 HA 身份验证成功，FA 计算参数 $n_{\mathrm{FA}}\cdot Q_i=[M_{\mathrm{FA}}(x),M_{\mathrm{FA}}(y)]$ 及 $W_{\mathrm{FA}}=M_{\mathrm{FA}}(y)\cdot P$，然后 FA 选取时间戳 T'_{FA} 并计算 $S=(d_{\mathrm{FA}}+n_{\mathrm{FA}})(Q_i+W_{\mathrm{FA}})$ 和 $h_\beta=H(\mathrm{AID}_i\|S\|T'_{\mathrm{FA}})$，最后计算与 V_i 的会话密钥 $\mathrm{SK}=H[M_{\mathrm{FA}}(x)\|S\|T'_{\mathrm{FA}}]$ 并将消息序列 $\{E_{\mathrm{FA}}$、T'_{HA}、$h_\beta\}$ 发送给 V_i。

5）V_i 验证 FA 并计算会话密钥

收到 FA 的消息序列后，首先检查时间戳 T'_{FA} 是否有效，然后计算 $E_{\mathrm{FA}}\cdot d_i=[M_{\mathrm{FA}}(x),M_{\mathrm{FA}}(y)]$ 和 $S'=[d_i+M_{\mathrm{FA}}(y)](Q_{\mathrm{FA}}+E_{\mathrm{FA}})$，使用 S' 来验证等式 $h_\beta=H(\mathrm{AID}_i\|S'\|T'_{\mathrm{FA}})$ 是否成立，如果不成立，忽略该消息，如果成立的话 FA 身份验证成功，V_i 计算会话密钥 $\mathrm{SK}'=H[M_{\mathrm{FA}}(x)\|S'\|T'_{\mathrm{FA}}]$。

5.1.2　方案分析

本节将首先使用 BAN 逻辑对本节方案进行正确性分析，然后使用随机预言机模型对本节方案进行安全性分析，最后将本节方案与其他类似方案进行比较得出性能分析。

1. 正确性分析

本节方案正确性的具体分析如下所示。

1）协议过程

$$V_i\to\mathrm{FA}:\{\mathrm{ID}_{\mathrm{HA}}、\mathrm{AID}_i、E_i、T_{V_i}、h_i\}$$

V_i 向 FA 发送请求消息 $\{\mathrm{ID}_{\mathrm{HA}}$、$\mathrm{AID}_i$、$E_i$、$T_{V_i}$、$h_i\}$

$$\mathrm{FA}\to\mathrm{HA}:\{\mathrm{ID}_{\mathrm{HA}}、\mathrm{AID}_i、E_i、E_{\mathrm{FA}}、T_{\mathrm{FA}}、T_{V_i}、h_i、\varepsilon\}$$

FA 收到消息后，验证时间戳的合法性，然后计算参数 E_{FA}，$N_{\mathrm{FA}}(x)$，$N_{\mathrm{FA}}(y)$，并向本地代理 HA 发送请求消息 $\{\mathrm{ID}_{\mathrm{HA}}$、$\mathrm{AID}_i$、$E_i$、$E_{\mathrm{FA}}$、$T_{\mathrm{FA}}$、$T_{V_i}$、$h_i$、$\varepsilon\}$。

$$\mathrm{HA}\to\mathrm{FA}:\{\phi、T_{\mathrm{HA}}\}$$

HA 收到消息后，对 FA 和 V_i 的身份进行验证，如果验证成功，则向 FA 发送确认消息 $\{\phi$、$T_{\mathrm{HA}}\}$。

$$\mathrm{FA}\to V_i:\{E_{\mathrm{FA}}、T'_{\mathrm{FA}}、h_\beta\}$$

FA 收到消息后验证 HA 的真实性，然后计算参数 $M_{FA}(x)$ 、$M_{FA}(y)$ 、h_β 和会话密钥 $SK = H[M_{FA}(x) \| S \| T'_{FA}]$ ，并将响应消息 $\{E_{FA}、T'_{FA}、h_\beta\}$ 发送给 V_i。

2）协议模型理想化

$$V_i \to FA:(ID_{HA}、AID_i、E_i、T_{V_i}、\langle h_i \rangle N_i(x)) \tag{5.1}$$

消息 1：V_i 使用秘密值 $N_i(x)$ 对请求信息 $(ID_{HA}、AID_i、E_i、T_{V_i}、h_i)$ 进行处理，并将消息发送给 FA。

$$FA \to HA:(ID_{HA}、AID_i、E_i、E_{FA}、T_{FA}、T_{V_i}、\langle h_i \rangle N_i(x)、\langle \varepsilon \rangle PWD_{FH}) \tag{5.2}$$

消息 2：FA 使用秘密值 $N_{FA}(x)$ 和预先存储的会话密钥 PWD_{FH} 对消息序列 $(ID_{HA}、AID_i、E_i、E_{FA}、T_{FA}、T_{V_i}、h_i、\varepsilon)$ 进行处理，并将请求消息发送给 HA。

$$HA \to FA:(\langle \phi \rangle PWD_{FH}、T_{HA}) \tag{5.3}$$

消息 3：HA 收到消息后，使用预先存储的会话密钥对消息 PWD_{FH} 进行处理，并将确认消息发送给 FA。

$$FA \to V_i:(E_{FA}、T'_{FA}、\langle AID_i, S, T'_{FA} \rangle M_{FA}(y)) \tag{5.4}$$

消息 4：FA 使用秘密值 $M_{FA}(y)$ 对消息 $(E_{FA}、T'_{FA}、AID_i、S、T'_{FA})$ 进行处理，然后将响应消息返回给 V_i。

3）根据方案认证及密钥协商阶段的相关设置，可以提出如下假设：

$$HA \mid\equiv [N_i(x), N_i(y)] \tag{5.5}$$

HA 相信秘密点 $[N_i(x), N_i(y)]$ 为真。

$$HA \mid\equiv [N_{FA}(x), N_{FA}(y)] \tag{5.6}$$

HA 相信秘密点 $[N_{FA}(x), N_{FA}(y)]$ 为真。

$$FA \mid\equiv [N_{FA}(x), N_{FA}(y)] \tag{5.7}$$

FA 相信秘密点 $[N_{FA}(x), N_{FA}(y)]$ 为真

$$V_i \mid\equiv [M_{FA}(x), M_{FA}(y)] \tag{5.8}$$

V_i 相信秘密点 $[M_{FA}(x), M_{FA}(y)]$ 为真。

$$HA \mid\equiv \#(T_{V_i}) \tag{5.9}$$

HA 相信时间戳 T_{V_i} 是新鲜的。

$$HA \mid\equiv \#(T_{FA}) \tag{5.10}$$

HA 相信时间戳 T_{FA} 是新鲜的。

$$FA \mid\equiv \#(T_{HA}) \tag{5.11}$$

FA 相信时间戳 T_{HA} 是新鲜的。

$$V_i \mid\equiv \#(T'_{FA}) \tag{5.12}$$

V_i 相信时间戳 T'_{FA} 是新鲜的。

$$HA \mid\equiv FA \xleftrightarrow{PWD_{FH}} HA \tag{5.13}$$

HA 相信 HA 与 FA 都拥有参数 PWD_{FH}。

$$FA \mid\equiv FA \overset{PWD_{FH}}{\longleftrightarrow} HA \tag{5.14}$$

FA 相信 FA 与 HA 都拥有参数 PWD_{FH}。

$$HA \mid\equiv V_i \Rightarrow R_i \tag{5.15}$$

HA 相信 V_i 对参数 R_i 具有控制权。

$$HA \mid\equiv FA \Rightarrow R_{FA} \tag{5.16}$$

HA 相信 FA 对参数 R_{FA} 具有控制权。

$$FA \mid\equiv HA \Rightarrow ACK \tag{5.17}$$

FA 相信 HA 对参数 ACK 具有控制权。

$$V_i \mid\equiv FA \Rightarrow S \tag{5.18}$$

V_i 相信 FA 对参数 S 具有控制权。

4）建立方案预期目标

$$HA \mid\equiv ID_{V_i} \tag{5.19}$$

HA 相信 V_i 是合法的。

$$HA \mid\equiv ID_{FA} \tag{5.20}$$

HA 相信 FA 是合法的。

$$FA \mid\equiv ID_{HA} \tag{5.21}$$

FA 相信 HA 是合法的。

$$V_i \mid\equiv ID_{FA} \tag{5.22}$$

V_i 相信 FA 是合法的。

$$V_i \mid\equiv (V_i \overset{SK}{\longleftrightarrow} FA) \tag{5.23}$$

V_i 相信 V_i 与 FA 的临时会话密钥 SK 为真。

$$FA \mid\equiv (V_i \overset{SK}{\longleftrightarrow} FA) \tag{5.24}$$

FA 相信 V_i 与 FA 的临时会话密钥 SK 为真。

5）利用假设和推理规则分析方案

本节将利用 BAN 逻辑推理规则及合理假设对方案的执行过程进行逻辑推理并在成功推导出预期目标后确认其正确性。

$$HA \triangleleft (ID_{HA}、AID_i、E_i、E_{FA}、T_{FA}、T_{V_i}、\langle h_i \rangle N_i(x)、\langle \varepsilon \rangle PWD_{FH}) \tag{5.25}$$

根据式（5.2）可以知道 FA 向 HA 发送了消息$(ID_{HA}、AID_i、E_i、E_{FA}、T_{FA}、T_{V_i}、\langle h_i \rangle N_i(x)、\langle \varepsilon \rangle PWD_{FH})$，所以式（5.25）成立。

$$\frac{HA \triangleleft (ID_{HA}、AID_i、E_i、E_{FA}、T_{FA}、T_{V_i}、\langle h_i \rangle N_i(x)、\langle \varepsilon \rangle PWD_{FH})}{HA \triangleleft \langle ID_{HA}、R_i、T_{V_i} \rangle N_i(x)} \tag{5.26}$$

由于式（5.25）成立，根据推理规则，可以得到式（5.26）成立。

$$\frac{\text{HA}\varDelta\langle \text{ID}_{\text{HA}}、R_i、T_{V_i}\rangle N_i(x),\text{HA}|\equiv N_i(x)}{\text{HA}|\equiv V_i|\sim(\text{ID}_{\text{HA}}、R_i、T_{V_i})} \tag{5.27}$$

根据式（5.26）中的结论，结合假设（式（5.5）），应用推理规则，可以推导出式（5.27）是成立的。

$$\frac{\text{HA}|\equiv\#(T_{V_i})}{\text{HA}|\equiv\#(\text{ID}_{\text{HA}}、R_i、T_{V_i})} \tag{5.28}$$

根据假设（式（5.9））和推理规则，可以成功推导出 $\text{HA}|\equiv\#(\text{ID}_{\text{HA}}、R_i、T_{V_i})$，因此式（5.28）成立。

$$\frac{\text{HA}|\equiv V_i|\sim(\text{ID}_{\text{HA}}、R_i、T_{V_i}),\text{HA}|\equiv\#(\text{ID}_{\text{HA}}、R_i、T_{V_i})}{\text{HA}|\equiv V_i|\equiv(\text{ID}_{\text{HA}}、R_i、T_{V_i})} \tag{5.29}$$

根据式（5.27）的结论和式（5.28）的结论，应用推理规则，可以推导出 $\text{HA}|\equiv V_i|\equiv(\text{ID}_{\text{HA}}、R_i、T_{V_i})$，所以，式（5.29）成立。

$$\frac{\text{HA}|\equiv V_i|\equiv(\text{ID}_{\text{HA}}、R_i、T_{V_i}),\text{HA}|\equiv V_i\Rightarrow R_i}{\text{HA}|\equiv(\text{ID}_{\text{HA}}、R_i、T_{V_i})} \tag{5.30}$$

由式（5.29）中的结论及假设（式（5.15）），应用推理规则，可以推导出 $B|\equiv(u_3,c_1,T_A)$，所以式（5.30）是成立的。

$$\text{HA}|\equiv\text{ID}_{V_i}$$

由式（5.30）的结论可以得知 HA 相信参数 R_i，又因为 R_i 中有 V_i 的私钥，也就是说只有 V_i 能生成 R_i，因此，目标（式（5.19））已达成。

$$\frac{\text{HA}\varDelta(\text{ID}_{\text{HA}}、\text{AID}_i、E_i、E_{\text{FA}}、T_{\text{FA}}、T_{V_i}、\langle h_i\rangle N_i(x)、\langle\varepsilon\rangle\text{PWD}_{\text{FH}})}{\text{HA}\varDelta\langle\text{ID}_{\text{HA}}、R_{\text{FA}}、T_{\text{FA}}\rangle\text{PWD}_{\text{FH}}} \tag{5.31}$$

由于式（5.25）成立，根据推理规则，可以得到式（5.31）成立。

$$\frac{\text{HA}\varDelta\langle\text{ID}_{\text{HA}}、R_{\text{FA}}、T_{\text{FA}}\rangle\text{PWD}_{\text{FH}},\text{HA}|\equiv\text{FA}\xleftrightarrow{\text{PWD}_{\text{FH}}}\text{HA}}{\text{HA}|\equiv\text{FA}|\sim(\text{ID}_{\text{HA}}、R_{\text{FA}}、T_{\text{FA}})} \tag{5.32}$$

根据式（5.31）中的结论，结合假设（式（5.13）），应用推理规则，可以推导出式（5.32）是成立的。

$$\frac{\text{HA}|\equiv\#(T_{\text{FA}})}{\text{HA}|\equiv\#(\text{ID}_{\text{HA}}、R_{\text{FA}}、T_{\text{FA}})} \tag{5.33}$$

根据假设（式（5.10））和推理规则，可以成功推导出 $\text{HA}|\equiv\#(\text{ID}_{\text{HA}}、R_{\text{FA}}、T_{\text{FA}})$，因此式（5.33）成立。

$$\frac{\text{HA}|\equiv\text{FA}|\sim(\text{ID}_{\text{HA}}、R_{\text{FA}}、T_{\text{FA}}),\text{HA}|\equiv\#(\text{ID}_{\text{HA}}、R_{\text{FA}}、T_{\text{FA}})}{\text{HA}|\equiv\text{FA}|\equiv(\text{ID}_{\text{HA}}、R_{\text{FA}}、T_{\text{FA}})} \tag{5.34}$$

根据式（5.32）的结论和式（5.33）的结论，应用推理规则，可以推导出 $\text{HA}|\equiv\text{FA}|\equiv(\text{ID}_{\text{HA}}、R_{\text{FA}}、T_{\text{FA}})$，所以，式（5.34）成立。

$$\frac{HA \mid\equiv FA \mid\equiv (ID_{HA}、R_{FA}、T_{FA}), HA \mid\equiv FA \Rightarrow R_{FA}}{HA \mid\equiv (ID_{HA}、R_{FA}、T_{FA})} \tag{5.35}$$

由式（5.34）中的结论及假设（式（5.16）），应用推理规则，可以推导出 $HA \mid\equiv (ID_{HA}、R_{FA}、T_{FA})$，所以式（5.35）是成立的。

$$HA \mid\equiv ID_{FA}$$

由式（5.35）的结论可以得知 HA 相信参数 RFA，又因为 RFA 中有 FA 的私钥，也就是说只有 FA 能生成 RFA，因此，目标（式（5.20））已达成。

$$FA \varDelta (\phi、T_{HA}) \tag{5.36}$$

根据式（5.3）可以知道 HA 向 FA 发送了消息 $(\phi、T_{HA})$，所以式（5.36）成立。

$$\frac{FA \varDelta (\phi、T_{HA})}{FA \varDelta \langle ACK、T_{HA} \rangle PWD_{FH}} \tag{5.37}$$

由于式（5.36）成立，根据推理规则，可以得到式（5.37）成立。

$$\frac{FA \varDelta \langle ACK、T_{HA} \rangle PWD_{FH}, FA \mid\equiv FA \xleftrightarrow{PWD_{FH}} HA}{FA \mid\equiv HA \mid\sim (ACK、T_{HA})} \tag{5.38}$$

根据式（5.37）中的结论，结合假设（式（5.14）），应用推理规则，可以推导出式（5.38）是成立的。

$$\frac{FA \mid\equiv \#(T_{HA})}{FA \mid\equiv \#(ACK、T_{HA})} \tag{5.39}$$

根据假设（式（5.11））和推理规则，可以成功推导出 $FA \mid\equiv \#(ACK、T_{HA})$，因此式（5.39）成立。

$$\frac{FA \mid\equiv HA \mid\sim (ACK、T_{HA}), FA \mid\equiv \#(ACK、T_{HA})}{FA \mid\equiv HA \mid\equiv (ACK、T_{HA})} \tag{5.40}$$

根据式（5.38）的结论和式（5.39）的结论，应用推理规则，可以推导出 $FA \mid\equiv HA \mid\equiv (ACK、T_{HA})$，所以，式（5.40）成立。

$$\frac{FA \mid\equiv HA \mid\equiv (ACK、T_{HA}), FA \mid\equiv HA \Rightarrow ACK}{FA \mid\equiv (ACK、T_{HA})} \tag{5.41}$$

由式（5.40）中的结论及假设（式（5.17）），应用推理规则，可以推导出 $FA \mid\equiv (ACK、T_{HA})$，所以式（5.41）是成立的。

$$FA \mid\equiv ID_{HA}$$

由式（5.41）的结论可以得知 FA 相信参数 ACK，又因为 ACK 中有 FA 与 HA 的共享密钥 PWD_{FH}，也就是说只有 HA 能生成 ACK，因此，目标（式（5.21））已达成。

$$V_i \varDelta (E_{FA}、T'_{FA}、h_{\beta}) \tag{5.42}$$

根据式(5.4)可以知道 FA 向车辆 V_i 发送了消息(E_{FA}、T'_{FA}、h_β)，所以式(5.42)成立。

$$\frac{V_i \Delta(E_{\mathrm{FA}}、T'_{\mathrm{FA}}、h_\beta)}{V_i \Delta\langle \mathrm{AID}_i、S、T'_{\mathrm{FA}}\rangle M_{\mathrm{FA}}(y)} \tag{5.43}$$

由于式（5.42）成立，根据推理规则，可以得到式（5.43）成立。

$$\frac{V_i \Delta\langle \mathrm{AID}_i、S、T'_{\mathrm{FA}}\rangle M_{\mathrm{FA}}(y), V_i \mid\equiv M_{\mathrm{FA}}(y)}{V_i \mid\equiv \mathrm{FA} \mid\sim (\mathrm{AID}_i、S、T'_{\mathrm{FA}})} \tag{5.44}$$

根据式（5.43）中的结论，结合假设（式（5.8）），应用推理规则，可以推导出式（5.44）是成立的。

$$\frac{V_i \mid\equiv \#(T'_{\mathrm{FA}})}{V_i \mid\equiv \#(\mathrm{AID}_i、S、T'_{\mathrm{FA}})} \tag{5.45}$$

根据假设（式（5.12））和推理规则，可以成功推导出 $V_i \mid\equiv \#(\mathrm{AID}_i、S、T'_{\mathrm{FA}})$，因此式（5.45）成立。

$$\frac{V_i \mid\equiv \mathrm{FA} \mid\sim (\mathrm{AID}_i、S、T'_{\mathrm{FA}}), V_i \mid\equiv \#(\mathrm{AID}_i、S、T'_{\mathrm{FA}})}{V_i \mid\equiv \mathrm{FA} \mid\equiv (\mathrm{AID}_i、S、T'_{\mathrm{FA}})} \tag{5.46}$$

根据式（5.44）的结论和式（5.45）的结论，应用推理规则，可以推导出 $V_i \mid\equiv \mathrm{FA} \mid\equiv (\mathrm{AID}_i、S、T'_{\mathrm{FA}})$，所以，式（5.46）成立。

$$\frac{V_i \mid\equiv \mathrm{FA} \mid\equiv (\mathrm{AID}_i、S、T'_{\mathrm{FA}}), V_i \mid\equiv \mathrm{FA} \Rightarrow S}{V_i \mid\equiv (\mathrm{AID}_i、S、T'_{\mathrm{FA}})} \tag{5.47}$$

由式（5.46）中的结论及假设（式（5.18）），应用推理规则，可以推导出 $V_i \mid\equiv (\mathrm{AID}_i、S、T'_{\mathrm{FA}})$，所以式（5.47）是成立的。

$$V_i \mid\equiv \mathrm{ID}_{\mathrm{FA}}$$

由式（5.47）的结论可以得知 V_i 相信参数 S，又因为 S 中有 FA 的私钥，也就是说只有 FA 能生成 S，因此，目标（式（5.22））已达成。

$$\frac{V_i \mid\equiv [M_{\mathrm{FA}}(x), M_{\mathrm{FA}}(y)]}{V_i \mid\equiv M_{\mathrm{FA}}(x), V_i \mid\equiv M_{\mathrm{FA}}(y)} \tag{5.48}$$

由假设（式（5.8）），以及推导规则可以得到式（5.48）成立。

$$V_i \mid\equiv S' \tag{5.49}$$

又因为参数 S' 根据参数 $M_{\mathrm{FA}}(y)$ 生成，所以式（5.49）成立。

$$\frac{V_i \mid\equiv M_{\mathrm{FA}}(x), V_i \mid\equiv S'}{V_i \mid\equiv (V_i \xleftrightarrow{\mathrm{SK}} \mathrm{FA})} \tag{5.50}$$

根据式（5.48）的结论和式（5.49），可得到式（5.50）成立，根据式（5.50）的结论可以看到目标（式（5.23））已达成。

$$\frac{\mathrm{FA} \mid\equiv [N_{\mathrm{FA}}(x), N_{\mathrm{FA}}(y)]}{\mathrm{FA} \mid\equiv [N_{\mathrm{FA}}(x), \mathrm{FA} \mid\equiv (N_{\mathrm{FA}}(y))]} \tag{5.51}$$

由假设（式（5.7）），以及推导规则可以得到式（5.51）成立。

$$\mathrm{FA} \mid \equiv S \tag{5.52}$$

又因为参数 S 根据 $M_{\mathrm{FA}}(y)$ 生成，所以式（5.52）成立。

$$\frac{\mathrm{FA} \mid \equiv M_{\mathrm{FA}}(x), \mathrm{FA} \mid \equiv S}{\mathrm{FA} \mid \equiv (V_i \xleftrightarrow{\mathrm{SK}} \mathrm{FA})} \tag{5.53}$$

根据式（5.51）的结论和式（5.52），可得到式（5.53）成立，根据式（5.53）的结论可以看到目标（式（5.24））已达成。

结果表明，本节方案能实现 V_i 与 FA 和 HA 之间的相互认证与密钥协商。

2. 安全性分析

本节首先给出会话密钥安全性分析，然后会针对各个安全特性做出安全分析，具体分析如下所示。

1）会话密钥安全性

本节方案的会话密钥安全性通过定理 5.1 给出。

定理 5.1　令 $\mathrm{Adv}_G^{\mathrm{ecdlp}}$ 表示敌手在 t' 时间内攻破 ECDLP 问题的优势。则敌手 $\mathcal{A}$ 攻破本节方案的会话密钥机密性的优势 $\mathrm{Adv}_{\mathrm{RAKAS}}^{\mathrm{req}}$ 为

$$\mathrm{Adv}_{\mathrm{RAKAS}}^{\mathrm{req}}(t, q_{\mathrm{Exe}}, q_H) \leqslant \frac{q_{\mathrm{Exe}}}{L} + \frac{q_H^2}{2^\lambda} + \mathrm{Adv}_G^{\mathrm{ecdlp}}(A_{\mathrm{ecdlp}})$$

式中，q_{Exe} 表示 Execute 请求的次数；q_H 表示 Hash 请求的次数；L 表示真实身份 ID 的空间的大小；λ 为安全参数；$t \leqslant t' + q_H \cdot \tau_1 + q_{\mathrm{Exe}} \cdot (4\tau_2 + \tau_3)$，$\tau_1$、$\tau_2$、$\tau_3$ 分别表示执行 1 次 Hash 运算的时间、执行 1 次椭圆曲线上倍点运算的时间、执行 1 次椭圆曲线上点加运算的时间。

证明　为了证明定理 5.1，将用到 5 个试验 $G_i (0 \leqslant i \leqslant 4)$，每次试验 G_i 中敌手 $\mathcal{A}$ 可以发起定义 2.19 中的所有预言查询，每个试验 G_i 结束后可以得到事件 $E_i = \{$敌手 $\mathcal{A}$ 赢得 $G_i\}$所发生的概率。

试验 G_0：本试验为现实情况中敌手 $\mathcal{A}$ 对漫游认证及密钥协商协议的攻击，根据定义有

$$\mathrm{Adv}_{\mathrm{RAKAS}}(\mathcal{A}) = |2\Pr[E_0] - 1| \tag{5.54}$$

试验 G_1：本次试验将模拟所有的预言请求，唯一不同的是还将模拟敌手针对身份的猜测攻击。易知用户的身份信息可由 AID_i 与 $N_i(x)$计算后相关联，既然每次 $N_i(x) = n_i \cdot Q_{\mathrm{HA}}$ 都为随机值，那么每一次 $N_i(x)$的值应该各不相同。因此，无法利用其他信息来验证其关于身份的猜测。由此可知其猜测成功的概率为 q_{exe}/L。根据差分定理有

$$\Pr[E_0] - \Pr[E_1]| \leqslant q_{\mathrm{exe}} / L \tag{5.55}$$

试验 G_2：本试验除了模拟前面试验中的所有预言请求，还将模拟 Hash 的碰撞攻击。因为本试验与 G_3 相比除了 Lh 可能存在 Hash 碰撞外是不可区分的，因此根据生日悖论，预言机 Hash(M)的输出碰撞的概率最大为 $q_H^2/2^\lambda$，因此有

$$|\Pr[E_1]-\Pr[E_2]| \leqslant \frac{q_H^2}{2^\lambda} \tag{5.56}$$

试验 G_3：本试验除了模拟前面的试验中的所有预言请求，将对包含了 E_i、EFA 的消息进行部分修改。设 $(X,Y,Z)=(n_r,P,n_r\cdot P)$ 为随机的 ECDLP 三元组。模拟器 S 为所有使用 (X,Y,Z) 进行交互的诚实参与者提供预言服务。S 依据认证协议按照如下的方式进行预言响应：在处理预言请求时，S 计算 $\{n_r$、P、n_rP、$H(d_i(x)\cdot n_rP \| (d_{\mathrm{FA}}+n_{\mathrm{FA}})(d_i+d_i(y)\cdot n_rP)\cdot P \| T'_{\mathrm{FA}})\}$ 并将其存储到列表中，其中 n_r 为随机数。在处理 Test 请求时，则将计算好的 $(d_{\mathrm{FA}}+n_{\mathrm{FA}})(d_i+d_i(y)\cdot n_r\mathrm{P})P \| T'_{\mathrm{FA}})$ 作为响应结果进行返回。根据认证协议不难看出，S 关于 Test 请求的响应是有效的。同时，试验 G_2 中的随机变量集合在 G_3 中将被另一个具有相同分布的随机变量集合所代替。因此，敌手赢得 G_2 的概率与赢得 G_3 的概率是相同的，因此有

$$\Pr[E_2]=\Pr[E_3] \tag{5.57}$$

试验 G_4：本试验除了模拟前面试验中的所有预言请求，还将模拟敌手破解 ECDLP 难题，不同之处在于预言机响应中使用的 (X,Y,Z) 不是 ECDLP 三元组，而是服从随机分布的三元组 (n_u,n_v,n_w)。假定 Aecdlp 是一个试图攻破群 G 中的 ECDLP 不可区分性的挑战者，而 Areq 是一个可以攻破会话密钥安全性的敌手。Aecdlp 通过执行无偏抛币 $c\in(0,1)$ 来进行响应：若 $c=1$，则将真实会话密钥返回给 Areq；否则将一个随机数返回给 Areq。Areq 则输出其猜测 c'，如果 $c'=c$，则 Areq 赢得该试验。Aecdlp 通过发起 Execute、Send、Corrupt、Test 预言请求后，除了对使用 (X,Y,Z) 作为输入时的响应不同，其余的预言响应处理与前面的试验相同。若 Areq 输出 c，则 Aecdlp 输出 1；否则输出 0。若 (X,Y,Z) 恰好为一个真实的 ECDLP 三元组，则 Aecdlp 在 G_3 中调用 Areq，即得到 Pr[Aecdlp 输出 1] = Pr[E_3]。若 (X,Y,Z) 为一个随机三元组，则 Aecdlp 在 G_4 中调用 Areq，即 Pr[Aecdlp 输出 0] = Pr[E_4]。可以得到

$$|\Pr[E_3]-\Pr[E_4]| \leqslant \mathrm{Adv}_G^{\mathrm{ecdlp}}(A_{\mathrm{ecdlp}}) \tag{5.58}$$

由于会话密钥 $\{n_r$、P、n_rP、$H(d_i(x)\cdot n_w \| (d_{\mathrm{FA}}+n_{\mathrm{FA}})(d_i+d_i(y)\cdot n_w)\cdot n_v \| T'_{\mathrm{FA}})\}$ 为随机独立的变量，那么关于 c 的信息没有泄露，因此有

$$\Pr[E_4]=\frac{1}{2} \tag{5.59}$$

根据式（5.54）～式（5.59），有

$$\mathrm{Adv}_{\mathrm{RAKAS}}^{\mathrm{req}}(t,q_{\mathrm{Exe}},q_H)\leqslant\frac{q_{\mathrm{Exe}}}{L}+\frac{q_H^2}{2^\lambda}+\mathrm{Adv}_G^{\mathrm{ecdlp}}(A_{\mathrm{ecdlp}})$$

至此，定理 5.1 证毕。

2）安全的漫游特性

从本节方案可以得知，当车辆进行漫游时，可以通过本节方案的认证过程对 FA 进行身份验证。完成验证之后，由 FA 和车辆协商出临时会话密钥，保证后续通信的安全性。从分析可知，本节方案可以提供用户的匿名性和不可关联性，并且可以抵抗重放攻击、假冒攻击、离线猜测攻击等安全威胁，为车辆漫游提供隐私和安全保障。

3）抵抗重放攻击

从本节方案的设计中可以看到，实体之间的通信信息都嵌入了时间戳，这一设计就是针对重放攻击所做的工作。一般来说，传输的信息中具备时间戳、随机数和消息验证码三种参数都是为了抵抗重放攻击。本节方案除了加入时间戳，也将另外两项措施嵌入本节方案中，使得本节方案具有更加完善的抗重放攻击能力。

4）双向可认证性

本节方案的设计能够提供双向可认证性，首先车辆和 FA 将验证信息发送给 HA，HA 通过计算获得车辆的假名，并利用假名与 FA 的共享密钥 $\mathrm{PWD}_{\mathrm{FH}}$ 验证车辆及 FA 的合法性，然后向 FA 返回确认信息。FA 通过确认消息验证 HA 和车辆的合法性，然后向车辆发送验证消息。最后车辆通过消息验证 FA 的合法性，并完成会话密钥协商过程。

5）抵抗假冒攻击

本节方案的设计能够抵抗假冒攻击，根据本节方案的设计可以看出，假定攻击者想要假冒车辆或者各个服务代理发起后续安全攻击，由于传输的消息中嵌入了私钥，所以攻击者首先必须获取该实体的私钥。私钥是实体秘密保存的，攻击者不能轻易获取，通过实体的公钥来获取私钥，攻击者将会遇上椭圆曲线离散对数问题，因此，敌手在无法获得私钥的情况下，无法发起假冒攻击。

6）恶意用户身份的可追踪性

当 V_i 在漫游到 FA 所管理的区域时，如果存在可疑不法行为或恶意行为，FA 可以将 $\{\mathrm{ID}_{\mathrm{HA}}$、$\mathrm{AID}_i$、$E_i$、$E_{\mathrm{FA}}$、$T_{\mathrm{FA}}$、$T_{V_i}$、$h_i$、$\varepsilon\}$ 发送给 HA，HA 将解析出该用户的 PID_i，进一步通过查询本地注册列表找到该用户的真实身份 ID_i。

7）抗离线猜测攻击

本节方案可以抵抗离线猜测攻击，主要体现在抵抗注册阶段对 HA 私钥的猜测攻击及密钥协商阶段对用户共享密钥的猜测攻击。首先，V_i 在注册阶段获取假名 PID_i，由于除了自己的身份信息 ID_i，还有秘密值 α 及 HA 的私钥 d_{HA} 是未知信息，所以难以发起猜测攻击；同理，在密钥协商阶段，敌手对于共享密钥的猜测攻击也只能获取到参数 T'_{FA}，而参数 MFA(x)和 S 对敌手而言是无法得知的，因此本节方案可以抵抗猜测攻击。

8）用户身份匿名性

本节方案能够保证用户身份的匿名性。敌手若想获取 V_i 的身份信息，即使它能够截获消息序列 $\mathrm{ID}_{\mathrm{HA}}$、$\mathrm{AID}_i$、$E_i$、$T_{V_i}$、$h_i$，想要得到 PID_i 首先需要得到参数 $N_i(x)$。由前面方案可知 $n_i \cdot Q_{\mathrm{HA}} = [N_i(x), N_i(y)]$，也就是说敌手需要获得随机数 n_i，那么通过参数 $E_i = n_i \cdot P$ 来获取随机数 n_i 时，敌手将会面临 ECDLP 难题，因此，用户身份的匿名性将得到保障。

9）用户身份的不可连接性

敌手若试图通过对大量通信消息的分析来关联不同会话中的某个特定用户，这种尝试将无法成功。通过消息序列 $\mathrm{ID}_{\mathrm{HA}}$、$\mathrm{AID}_i$、$E_i$、$T_{V_i}$、$h_i$ 可知用户发送的消息中，$\mathrm{ID}_{\mathrm{HA}}$ 用来指向 HA，敌手无法通过此参数关联某个特定用户；AID_i、E_i、h_i 是通过随机数 n_i 计算出的参数，每次通信都将是随机值，敌手无法通过参数 AID_i、E_i、h_i 关联某个特定用户；T_{V_i} 是每次通信的时间戳，可以用来抵抗重放攻击，每次通信的时间戳不同，敌手无法通过参数 T_{V_i} 关联某个特定用户。因此，用户身份的不可连接性得以实现。

3. 性能分析

在本节内容中将对本节方案进行性能评估，并与同类方案进行比较。本节性能分析基于 OpenSSL，并对有待比较的所有认证及密钥协商方案进行分析测试，测试所使用的平台的具体配置：Inter(R) core(TM) i5-6300HQ CPU @ 2.30GHz，内存为 4.00GB，Windows 64 位操作系统，具体结果见表 5.2。

表 5.2　与类似方案在计算开销上的对比

方案	用户端	外地服务代理	本地服务代理	总和
本节方案	$6T_{\mathrm{Pmul}} + 2T_{\mathrm{Padd}} + 3T_H$	$7T_{\mathrm{Pmul}} + 2T_{\mathrm{Padd}} + 5T_H$	$4T_{\mathrm{Pmul}} + 2T_{\mathrm{Padd}} + 4T_H$	$17T_{\mathrm{Pmul}} + 6T_{\mathrm{Padd}} + 12T_H$
Kang 等[1]的方案	$2T_{\mathrm{Sys}}(E) + 6T_H$	$T_{\mathrm{Sys}}(D) + 2T_{\mathrm{Asys}}(E) + 2T_H$	$T_{\mathrm{Sys}}(D) + 2T_{\mathrm{Asys}}(D) + 7T_H$	$2T_{\mathrm{Sys}}(E/D) + 2T_{\mathrm{Asys}}(E/D) + 15T_H$
Xie 等[2]的方案	$3T_{\mathrm{Me}} + T_{\mathrm{Sys}}(E) + T_{\mathrm{Sys}}(D) + 5T_H$	$2T_{\mathrm{Me}} + T_{\mathrm{Sys}}(E) + 2T_{\mathrm{Sys}}(D) + 2T_H$	$3T_{\mathrm{Me}} + 2T_{\mathrm{Sys}}(E) + 2T_{\mathrm{Sys}}(D) + 2T_H$	$8T_{\mathrm{Me}} + 4T_{\mathrm{Sys}}(E) + 5T_{\mathrm{Sys}}(D) + 9T_H$
Karuppiah 和 Saravanan[3]的方案	$2T_{\mathrm{Me}} + T_{\mathrm{Sys}}(E) + 9T_H$	$3T_H$	$T_{\mathrm{Me}} + T_{\mathrm{Sys}}(D) + 9T_H$	$3T_{\mathrm{Me}} + T_{\mathrm{Sys}}(E/D) + 21T_H$

续表

方案	用户端	外地服务代理	本地服务代理	总和
He 等[4]的方案	$3T_{Me}+T_{Sys}(E)+T_{Sys}(D)+6T_H$	$2T_{Me}+T_{Sys}(E)+2T_{Sys}(D)+3T_H$	$T_{Me}+2T_{Sys}(E)+2T_{Sys}(D)+2T_H$	$6T_{Me}+4T_{Sys}(E)+5T_{Sys}(D)+11T_H$
Karuppiah 等[5]的方案	$7T_H$	$T_{Sys}(E)+T_{Sys}(D)+T_H$	$T_{Me}+T_{Sys}(E)+T_{Sys}(D)+5T_H$	$T_{Me}+2T_{Sys}(E/D)+13T_H$

表 5.3　符号含义及操作用时

符号	表示含义	操作用时/ms
T_{Pmul}	椭圆曲线上的倍点运算	0.044
T_{Padd}	椭圆曲线上的点加运算	0.005
$T_{Sys}(E/D)$	对称加解密运算	0.078/0.031
$T_{Asys}(E/D)$	非对称加解密运算	2.545/0.069
T_{Me}	模幂运算	0.133
T_H	Hash 运算（SHA256）	0.004

表 5.4　与类似方案在安全特性上的对比

安全特性	方案					
	Kang 等[1]的方案	Xie 等[2]的方案	Karuppiah 和 Saravanan[3]的方案	He 等[4]的方案	Karuppiah 等[5]的方案	本节方案
抗重放	√	√	√	√	√	√
抗假冒	√	√	√	√	√	√
抗离线猜测	√	√	×	×	×	√
条件可追踪	×	√	×	×	×	√
身份不可关联	×	×	√	√	√	√
双向可认证	√	×	√	√	√	√
匿名性	√	√	√	√	√	√

表 5.2 中所使用的符号含义由表 5.3 给出。由表 5.2 可以看出，在登录与认证阶段，本节方案涉及的运算操作只有 3 种，分别是椭圆曲线上的倍点运算、椭圆曲线上的点加运算和 Hash 运算。在本阶段用户端需要 6 次倍点运算、2 次点加运算、3 次 Hash 运算；FA 需要 7 次倍点运算、2 次点加运算、5 次 Hash 运算；HA 需要 4 次倍点运算、2 次点加运算、4 次 Hash 运算。与其他 5 个方案相比较，总

体计算代价较为理想。虽然用户端的计算代价要比文献[5]方案略大，FA 的计算代价比文献[3]方案略大，但由表 5.4 可以看到本节方案在安全特性上有着显著的优势。以用户端操作为例，通过本节方案用户端操作不会存在对 HA 私钥的离线猜测攻击，显然比文献[5]中方案用户端执行的操作更具安全性。从时间消耗的方面来看，本节方案与有非对称加解密运算的方案[1]相比，本节方案的性能优势非常明显，因为采取非对称加密运算所消耗的时间相对比较大。虽然文献[3]、[5]中的方案在时耗总和上比本节方案要表现得好一些，但从之前的分析可以看出文献[3]、[5]中的方案分别在 FA 的部分和用户端的部分舍弃了对于离线猜测攻击考虑，但部分学者认为牺牲一部分计算效率用来提高方案的安全性是有一定意义的。此外，与文献[2]与[4]中方案相比，虽然都具备了一定的安全特性，但本节方案在时耗上体现出了不可忽略的优势。综上所述，本节方案在兼顾较完全的安全特性的同时，也在计算开销上具有一定优势。

5.2　基于格的车联网漫游认证

为移动车载终端提供安全无缝的漫游服务是车联网系统一个必须考虑的问题，虽然目前业界已经提出了一些车联网漫游认证方案，但当前的漫游认证方案大多基于椭圆曲线或者双线性等密码体制，其存在各种安全和性能方面的问题，因此构建一个在安全和效率方面有着很大提升的车联网漫游认证方案仍是一个重大的挑战。此外，由于潜在的量子攻击威胁，有必要设计高效的抗量子攻击漫游认证协议。为了解决车联网漫游认证方案安全性和性能上的问题，并基于 NTRU 轻量级和抗量子的特性，本节介绍一种基于 NTRU 的新型漫游认证方案。

本节方案具有如下的特性。

（1）条件匿名性。在认证过程中，车载终端 MU 使用匿名身份与 FA 进行通信，HA 可以通过 MU 的匿名身份信息 SID 提取出其真实身份信息来帮助 FA 进行身份认证。在会话密钥更新阶段，MU 也是通过匿名身份和 FA 进行会话密钥的更新协商。所以，MU 的真实身份信息对 FA 和攻击者是不可见的，而 HA 可以通过 MU 的匿名身份提取出其真实身份信息，当恶意的 MU 出现在网络中时，HA 可以很快地发现并剔除恶意用户，保证网络安全。

（2）不可追踪性。除了 HA，任何通信实体或者攻击者都无法通过外部数据追踪 MU，也无法判定任何两条或者多条消息是否与 MU 存在关联性。

（3）高安全性。本节方案基于 NTRU 算法，本节方案安全性是基于格上困难问题，可以抵抗量子攻击；本节方案提供了用户口令更改和会话密钥更新功能，为系统提供更加安全的保障；通过形式化证明的方式证明本节方案满足会话密钥的不可区分性，通过启发式证明分析本节方案满足前向安全性、抵抗模拟攻击、抗重放攻击等所提安全需求。

（4）高性能。本节方案基于轻量级 NTRU 加密算法，仿真实验计算了本节方案的计算开销和通信开销，通过与类似方案对比可以直观地看出本节方案具有可行性和实用性。

5.2.1　方案设计

下面给出本节方案的具体构造。车联网为 MU 提供漫游服务，使 MU 无论身在何处，只要进入 FA 覆盖范围，就可以获得 HA 的扩展服务。本节所提方案包含三种通信实体。

（1）MU：在车联网中，使用车载智能终端来获取服务。

（2）FA：为 MU 提供漫游服务。

（3）HA：为 MU 和 FA 提供身份验证。

当 MU 进入 FA 区域时，MU 应该在移动节点、HA 和 FA 的协作下进行身份验证。车联网中的漫游认证模型如图 5.3 所示。MU 必须在系统初始化时进行注册。然后，在 HA 的帮助下，MU 和 FA 可以在需要通信时进行相互验证。只有当 MU 和 FA 确认了彼此的身份，它们才能进行密钥协商操作。为了保证所涉及通信实体的身份合法性和消息有效性，在实现漫游服务时设计了一种相互认证机制来实现身份认证的功能，通过密钥协商协议[4-6]来保证消息安全性。

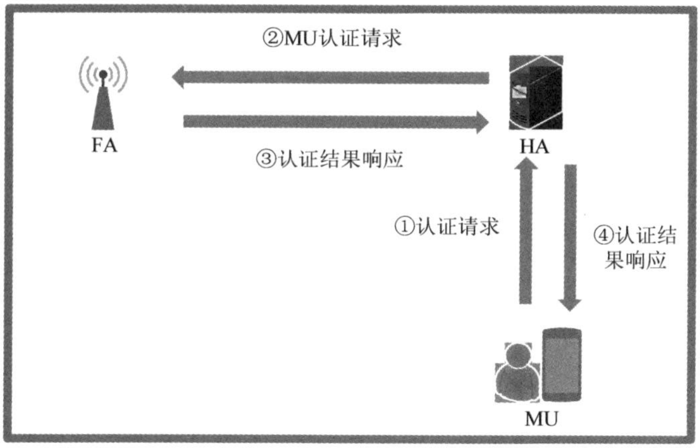

图 5.3　车联网中的漫游认证模型

本节方案包含 MU 注册阶段、登录和认证阶段、口令更改阶段、会话密钥更新阶段。HA 在终端注册阶段广播公共参数，验证发送注册请求的 MU，并为其生成身份证明和公私钥等参数；当 MU 处于漫游状态并想获取网络服务时进入登录和认证阶段，MU 和 FA 在 HA 的帮助下进行相互认证，协商出共享密钥；当终端需要进行智能卡口令的更改时就进入了口令更改阶段，MU 用户向智能卡中输入身份信息和旧的口令，当智能卡验证通过后输入新的口令即可完成口令更改；当 MU 希望更新和 FA 之前协商完成的会话密钥时，就进入了会话密钥更新阶段，此时 MU 和 FA 通过之前商议的会话密钥进行互相验证，然后协商出新的会话密钥。本节方案的符号及含义如表 5.5 所示。

表 5.5　符号及含义

符号	含义
n	多项式环的维度
p	一个小素数，一般是 2 或 3
q	用于模的正整数，一般远大于 p
$H_\iota, \iota \in 1.2,3,4$	单项 Hash 函数
ID_i	通信实体 i 的真实身份
SID	车载终端的匿名身份
IM	本地代理为车载终端生成的身份证明
$\mathcal{L}_f$	在 $\mathbb{Z}[X]/x^{n-1}$ 中满足特定条件的多项式 f 集合
$\mathcal{L}_g$	在 $\mathbb{Z}[X]/x^{n-1}$ 中满足特定条件的多项式 g 集合
$\mathcal{L}_r$	在 $\mathbb{Z}[X]/x^{n-1}$ 中满足特定条件的多项式 r 集合
$f_{i,q}^{-1}$	多项式 f_i 关于模 q 的逆
$f_{i,p}^{-1}$	多项式 f_i 关于模 p 的逆
h_i	通信实体 i 的公钥
$f_{i,q}$	$\mathbb{Z}[X]/(q, x^{n-1})$ 中的多项式
r_i	$\mathcal{L}_r$ 中选取的随机多项式
SK_{ij}	通信实体 i 和 j 之间的会话密钥

1. 终端注册阶段

在 MU 处于漫游状态时，如果 MU 需要通过 FA 获取网络服务，其需要和 FA 协商完成会话密钥。在密钥协商过程中，HA 需要对 MU 和 FA 的身份信息进行认证，所以 MU 如果想要在漫游状态时获取网络服务需要向 HA 进行注册。如图 5.4 所示，HA 在终端注册阶段广播公共参数，验证发送注册请求的 MU，并为其生成身份证明和公私钥等参数。

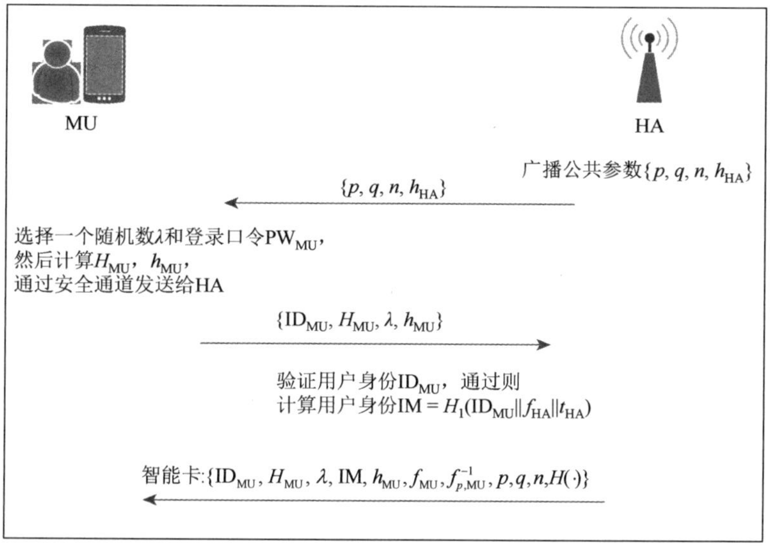

图 5.4　终端注册阶段

（1）HA 广播公共参数 $\{p,q,n,h_{HA}\}$，其中 h_{HA} 是 HA 的公钥。

（2）MU 选择一个随机数 λ 并设置登录口令 PW_{MU}，然后计算，$f_{MU.q}^{-1}\cdot g_{MU}=h_{MU}$，$H_{MU}=H_1(ID_{MU}\,\|\,PW_{MU}\,\|\,\lambda)$ 并通过安全通道将注册信息 $\{ID_{MU},H_{MU},h_{MU},\lambda\}$ 发送给 HA。

（3）HA 收到 MU 的注册请求后，首先验证 MU 的真实身份信息 ID_{MU} 是否合法，若认证通过，则计算 MU 用户身份信息 $IM=H_1(H_{MU}\,\|\,f_{HA}\,\|\,t_{HA})$，$t_{HA}$ 是 MU 注册信息的时间戳，任何人除了 HA 不能伪造或者计算 IM。然后将 $\{H_{MU},\lambda,IM,h_{MU},p,q,n,H(\cdot)\}$ 存储到智能卡中，然后将智能卡分配给 MU。

假如在这之前 HA 和 FA 之前已经商量好了对称密钥，FA 相对于 HA 为从属关系，每个代理都有一个与 ID 对应的公钥列表。表 5.6 是 HA 关于漫游 MU 的公私钥列表，表 5.7 是 HA 关于 FA 的公私钥列表。

表 5.6　MU 信息表

ID	公钥	IM
ID_{MU}	h_{MU}	$H_1(ID_{MU}\,\|\,f_{HA}\,\|\,t_{HA})$

表 5.7　FA 信息表

ID	公钥	对称密钥
ID_{FA}	h_{FA}	SK_{HF}

2. 登录和认证阶段

如图 5.5 所示，当 MU 完成注册后，就可以执行登录和认证阶段，在此过程中，MU 通过 HA 的帮助和认证，与 FA 完成会话密钥的协商。

（1）$MU \to FA: m_1 = \{SID, h_0, V_1, V_2, t_{MU}, ID_{HA}\}$。首先 MU 用户将真实身份信息 ID_{MU} 和登录口令 PW_{MU} 输入到智能卡中，然后由智能卡进行登录验证，计算 $H'_{MU} = H_1(ID_{MU} \| PW_{MU} \| \lambda)$，判断 H'_{MU} 是否与 H_{MU} 相等，若相等则说明 ID_{MU} 和登录口令 PW_{MU} 是合法的，智能卡允许车载终端用户登录，否则拒绝用户登录。登录成功后，MU 选择两个随机数，x_{MU}，$r_{MU} \in \mathcal{L}_r$，然后计算，$SID = H_4(ID_{MU} \| x_{MU} \| IM \| t_{MU})$，然后加密 $V_1 = p \cdot h_{HA} \cdot r_{MU} + ID_{MU}$，$V_2 = V_1 \cdot ID_{MU} + x_{MU}$，$h_0 = H_2(ID_{MU} \| IM \| t_{MU} \| x_{MU})$，然后将 m_1 发送给 FA。

（2）$FA \to HA: m_2 = \{m_1, ID_{FA}, MAC, t_{FA}\}$。当 FA 收到消息后，首先验证时间戳是否合格，若成立，FA 首先保存 SID，根据 ID_{HA} 检索本地存储的共享密钥 SK_{FH}，计算消息认证码 $MAC = H_2(ID_{FA} \| V_1 \| V_2 \| SK_{HF} \| t_{FA})$，然后 FA 将消息 m_2 发送给 HA。

（3）$HA \to FA: m_3 = \{h_2, V_3, V_4, h_{MU}\}$。HA 收到来自 FA 的消息 m_2 后，HA 首先验证时间戳，然后通过以下的步骤验证 ID_{FA} 和匿名身份 SID 是否合法。

①HA 同样根据 FA 发送的身份信息 ID_{FA} 检索共享密钥 SK_{HF}，然后计算并验证 $MAC' = H_2(ID_{FA} \| IM \| V_1 \| V_2 \| SK_{HF} \| t_{FA})$ 与 MAC 是否相等，若相等则 HA 相信 FA 的身份信息 ID_{FA} 为合法的。

②HA 使用自己的私钥解密 V_1，V_2，解密得到 x_{MU} 和 ID_{MU}，通过 ID_{MU} 找到 MU 的 IM，验证 $h'_0 = H_2(ID_{MU} \| IM \| t_{MU} \| x_{MU})$，$SID' = H_4(ID_{MU} \| x_{MU} \| IM \| t_{MU}) = SID$ 是否成立，若通过则 MU 的匿名身份 SID 是合法的。

③HA 选择一个多项式 $r_{HA} \in \mathcal{L}_r$，并计算 $h_1 = H_1(IM \| x_{MU} \| ID_{FA})$，$V_3 = p \cdot h_{FA} \cdot r_{HA} + h_1$，$V_4 = V_3 \cdot h_1 + x_{MU}$，$h_2 = H_2(h_1 \| SID \| h_{MU} \| SK_{HF})$，然后将 $m_3 = \{h_2, V_3, V_4, h_{MU}\}$ 发送给 FA。

（4）$FA \to MU: m_4 = \{h_3, V_5, V_6\}$。当 FA 收到消息 m_3 后，解密 V_3，V_4，首先使用之前保存的 SID 验证 $h'_2 = H_2(h_1 \| SID \| h_{MU} \| SK_{HF}) = h_2$，若相等则 FA 认为 MU 的匿名身份 SID 和 HA 是合法的。

ID	公钥	IM	SID	对称密钥
ID_{MU}	h_{MU}	$H_1(H_{MU}\|\|f_{HA}\|\|t_{HA})$	$H_4(ID_{MU}\|\|r_{MU}\|\|H_{MU})$	none
ID_{FA}	h_{FA}	none	none	SK_{HE}

MU：

随机选择r_{MU}，$x_{MU}\in\mathcal{L}_r$

计算$SID=H_4(ID_{MU}\|x_{MU}\|IM\|t_{MU})$

$V_1=p\cdot h_{HA}\cdot r_{MU}+ID_{MU}$

$V_2=V_1\cdot ID_{MU}+x_{MU}$

$h_0=H_2(ID_{MU}\|IM\|t_{MU}\|x_{MU})$

$m_1=\{SID, h_0, V_1, V_2, t_{MU}, ID_{HA}\}$

m_1 →

FA：

验证t_{MU}, 记录SID的值

计算$MAC=H_2(ID_{FA}\|V_1\|V_2\|SK_{HF}\|t_{FA})$

$m_2=\{m_1, ID_{FA}, MAC, t_{FA}\}$

m_2 →

HA：

验证t_{MU}, t_{FA}

计算$MAC'=H_2(ID_{FA}\|V_1\|V_2\|SK_{HF}\|t_{FA})=MAC$

解密V_1、V_2得到x_{MU}，通过ID_{MU}找到MU的IM

然后验证$h_0'=H_2(ID_{MU}\|IM\|t_{MU}\|x_{MU})=h_0$

$SID'=H_4(ID_{MU}\|x_{MU}\|IM\|t_{MU})=SID$

计算$h_1=H_1(IM\|x_{MU}\|ID_{FA})$

计算$V_3=p\cdot r_{HA}\cdot h_{FA}+h_1$

$V_4=V_3\cdot h_1+x_{MU}$

$h_2=H_2(h_1\|SID\|h_{FU}\|SK_{HE})$

发送$m_3=\{h_2, V_3, V_4, h_{MU}\}$

← m_3

FA：

解密V_3, V_4

验证$h_2'=H_2(h_1\|SID\|h_{MU}\|SK_{HF})=h_2$

选择多项式x_{FA}, r_{FA}

计算$K_{FM}=x_{FA}\cdot x_{MU}$

计算会话密钥$SK_{FM}=H_3(SID\|K_{FM}\|ID_{FA})$

$V_5=p\cdot h_{MU}\cdot r_{FA}+h_1$

$V_6=m_{FA}\cdot V_5+x_{FA}$

$h_3=H_2(SID\|SK_{FM}\|h_1\|x_{FA})$

发送$m_4=\{h_3, V_5, V_6\}$

← m_4

MU：

解密V_5、V_6得到x_{FA}、h_1

验证$h_1'=H_1(IM\|x_{MU}\|ID_{FA})=h_1$

计算$K_{MF}=x_{MU}\cdot x_{FA}$

然后计算$SK_{MF}=H_3(SID\|K_{MF}\|ID_{FA})$

验证$h_3'=H_2(SID\|SK_{MF}\|h_1'\|x_{FA})=h_3$

图 5.5　登录和认证阶段

然后计算$K_{FM}=x_{FA}\cdot x_{MU}$，计算会话密钥$SK_{FM}=H_3(SID\|K_{FM}\|ID_{FA})$，$V_5=p\cdot$

$h_{\mathrm{MU}} \cdot r_{\mathrm{FA}} + h_1$，$V_6 = m_{\mathrm{FA}} \cdot V_5 + x_{\mathrm{FA}}$，$h_3 = H_2(\mathrm{SID} \| \mathrm{SK}_{\mathrm{FM}} \| h_1 \| x_{\mathrm{FA}})$。然后 FA 将消息 $m_4 = \{h_3, V_5, V_6\}$ 发送给 MU。

（5）当 MU 收到 FA 的消息 m_4 后，首先解密 V_5、V_6 得到 x_{FA}、h_1，然后验证 $h_1' = H_1(\mathrm{IM} \| x_{\mathrm{MU}} \| \mathrm{ID}_{\mathrm{FA}}) = h_1$ 是否成立，如果成立则 MU 相信 FA 是合法的。然后 MU 计算共享秘密值 $K_{\mathrm{MF}} = x_{\mathrm{MU}} \cdot x_{\mathrm{FA}}$ 和会话密钥 $\mathrm{SK}_{\mathrm{MF}} = H_3(\mathrm{SID} \| K_{\mathrm{MF}} \| \mathrm{ID}_{\mathrm{FA}})$。最后，MU 验证 $h_3' = H_2(\mathrm{SID} \| \mathrm{SK}_{\mathrm{MF}} \| h_1' \| x_{\mathrm{FA}}) = h_3$ 是否成立，如果等式成立，则会话密钥协商成功。

3. 口令更改阶段

为了提高方案的安全性，避免口令被猜测破解，本节方案提供了更新 MU 用户口令的操作。移动节点启动密码更改阶段，MU 用户在智能卡上执行以下操作。

（1）MU 用户向智能卡中输入 $\mathrm{ID}_{\mathrm{MU}}$ 和 $\mathrm{PW}_{\mathrm{MU}}$，智能卡计算 $H'_{\mathrm{MU}} = H_1(\mathrm{ID}_{\mathrm{MU}} \| \mathrm{PW}_{\mathrm{MU}} \| \lambda)$，并验证 H'_{MU} 是否等于 H_{MU}，若相等则 MU 用户登录成功，否则终止登录过程。

（2）MU 用户进入系统界面，选择口令更改选项，智能卡两次提示 MU 用户是否确认更改，在收到 MU 用户两次确定答复后进入口令更改界面。

（3）在口令更改界面，MU 用户在系统提示的输入框中输入新的口令 $\mathrm{PW}_{\mathrm{MU}}^{\mathrm{NEW}}$ 和随机数 λ^{NEW}，最后智能卡计算 $H_{\mathrm{MU}}^{\mathrm{NEW}} = H_1(\mathrm{ID}_{\mathrm{MU}} \| \mathrm{PW}_{\mathrm{MU}}^{\mathrm{NEW}} \| \lambda^{\mathrm{NEW}})$，并把 H_{MU} 更新为 $H_{\mathrm{MU}}^{\mathrm{NEW}}$。

4. 会话密钥更新阶段

为了提高本节方案的安全性，我们提供了会话密钥更新阶段（图 5.6）。如果漫游 MU 用户需要更新和 FA 之前建立的会话密钥，则需要执行如下的步骤。

（1）MU 首先选择一个随机多项式 r'_{MU}，计算 $m_i = \{E_{\mathrm{SK}_{\mathrm{FM}}}(\mathrm{SID}, t_{\mathrm{MU}}, r'_{\mathrm{MU}}), \mathrm{SID}, t_{\mathrm{MU}}, Ch\}$ 并发送给 FA。$\mathrm{SK}_{\mathrm{FM}}$ 表示先前 MU 和 FA 之前建立的会话密钥，t_{MU} 是当前的时间戳，Ch 表示车载终端更新会话密钥的请求。

（2）当 FA 收到漫游车载终端 MU 发送的消息 m_i 时，FA 将进入以下计算过程。

①验证 $|T_i - t_{\mathrm{MU}}| < \Delta T$ 是否成立，若成立则收下消息，进行第二步的计算，否则结束会话，其中 T_i 为 FA 当前时间戳。

②FA 通过 MU 匿名身份 SID 检索本地协商成功的会话密钥 $\mathrm{SK}_{\mathrm{FM}}$ 并解密消息，然后检查消息 m_i 中的 SID 和传输的 SID 是否相等。

③若相等，则 FA 选择一个随机多项式 r'_{FA}，然后计算 $\mathrm{SK}'_{\mathrm{FM}} = H_3(\mathrm{SK}_{\mathrm{FM}} \| r'_{\mathrm{FA}} \| r'_{\mathrm{MU}})$，$\mathrm{SK}'_{\mathrm{FM}}$ 为新的会话密钥。

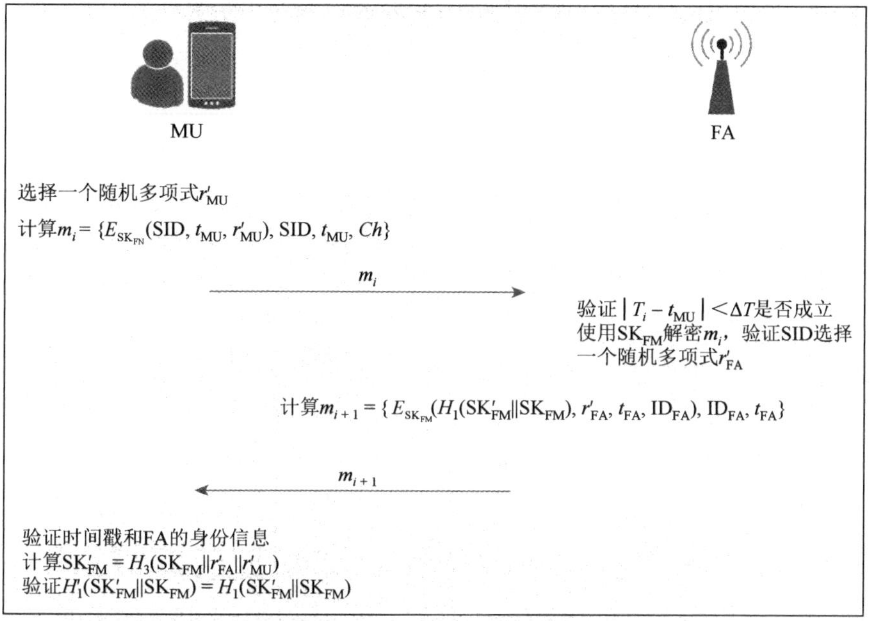

图 5.6　会话密钥更新阶段

④FA 计算消息$m_{i+1} = \{E_{\mathrm{SK_{FM}}}(H_1(\mathrm{SK'_{FM}} \| \mathrm{SK_{FM}}), r'_{\mathrm{FA}}, t_{\mathrm{FA}}, \mathrm{ID_{FA}}), \mathrm{ID_{FA}}, t_{\mathrm{FA}}\}$，然后将其发送给 MU。

（3）当漫游终端 MU 收到消息m_{i+1}后，验证时间戳和 FA 的身份信息，若通过则计算新的会话密钥$\mathrm{SK'_{FM}} = H_3(\mathrm{SK_{FM}} \| r'_{\mathrm{FA}} \| r'_{\mathrm{MU}})$，并验证$H'_1(\mathrm{SK'_{FM}} \| \mathrm{SK_{FM}}) = H_1(\mathrm{SK'_{FM}} \| \mathrm{SK_{FM}})$是否成立，如果成立则完成会话密钥的更新。

5.2.2　方案分析

1. 安全性分析

安全性分析包括在随机预言机模型中形式化证明本节方案中会话密钥的不可区分性，以及通过启发式证明的方式分析方案的安全特性。

1）会话密钥的不可区分性

本节定义基于口令的认证方案的攻击模型，该模型模拟存在一个概率多项式时间敌手$\mathcal{A}$，可以访问一定数量的预言机查询，这些查询定义了其攻击协议的能力，敌手$\mathcal{A}$可以完全控制通信实体间整个通信过程。敌手$\mathcal{A}$可以在其选择的 MU 实例之间初始化协议通信，向这些实例发送任何消息，并根据协议规范观察实例的响应输出。它还可以揭露由实例建立的会话密钥来模拟会话密钥丢失攻击。MU 被期望在这个网络上建立和使用安全的会话密钥。密钥交换协议的安全性意味着

任何敌手 $\mathcal{A}$ 经过多项式时间的随机预言查询都无法区分由诚实的协议参与者生成的会话密钥和随机字符串。一个诚实的协议参与者 U 拥有不同的实例 Π_U^i，这些实例可以并发执行协议。敌手可以使用以下的预言机与不同的诚实玩家的不同实例进行交互。

Hash(m)：敌手向随机预言机查询以获得 Hash 结果。随机预言机返回列表中存在的结果，否则返回随机数 r 给敌手，并存储 $(m;r)$ 在 Hash 表中。

Execute(Π_U^i)：模拟敌手对协议进行被动窃听攻击的能力，敌手可以窃听诚实的协议执行过程。输出是由协议执行过程中交换的消息组成的。

Send(Π_U^i, m)：模拟敌手对协议进行主动攻击的能力，敌手可以截取消息并更改它，或者仅仅是转发给目标实例。输入是敌手发送给 P^i 的消息 m，输出是 P^i 根据收到的消息 m 生成的对应消息。

Corrupt(Π_U^i)：本预言机模拟协议敌手 $\mathcal{A}$ 腐蚀协议参与者 U 的能力，此预言机返回车载终端用户的口令。

Reveal(Π_U^i)：敌手获得参与者协商完成的会话密钥。这个询问模拟了会话密钥泄露的情况。

Test(Π_U^i)：这个询问和会话密钥 SK 的语义安全性有关。此询问是在敌手进行过多项式其他询问之后执行的。随机选择一个比特 $b \in \{0,1\}$。如果 $b=0$，返回一个与会话密钥等长的随机值，如果 $b=1$，则返回真实的会话密钥。以上预言询问定义具体见表 5.8 和表 5.9。

语义安全性：敌手通过执行认证密钥交换协议，与 Execute、Send、Reveal 和 Test 随机预言机进行交互，并最终输出比特值 b' 作为对 b 的猜测。如果 $b=b'$，则认为敌手攻击成功。用 Succ 表示敌手赢得游戏的事件，则敌手成功攻破协议 P 的优势定义为

$$\mathrm{Adv}_P^{\mathrm{ake}}(\mathcal{A}) = \left|\Pr[\mathrm{Succ}_P^{\mathrm{ake}}(\mathcal{A})] - \frac{1}{2}\right| \tag{5.60}$$

如果 $\mathrm{Adv}_P^{\mathrm{ake}}(\mathcal{A})$ 的值是可忽略的，则认为此认证密钥交换协议是安全的。

定理 5.2　敌手 $\mathcal{A}$ 在时间 t 内分别进行 q_{se} 次、q_{ex} 次、q_{re} 次、q_{co} 次 Send、Execute、Reveal、Corrupt 询问，q_{ro} 表示随机预言询问的次数，$t' = O[t + (q_{\mathrm{ro}} + q_{\mathrm{se}} + q_{\mathrm{ex}})t_{\exp}]$，则

$$\mathrm{Adv}_P^{\mathrm{AKE}}(\mathcal{A}) = O\left(\frac{(q_{\mathrm{se}} + q_{\mathrm{ex}} + q_{\mathrm{ro}})(q_{\mathrm{se}} + q_{\mathrm{ex}})}{q^k} + \frac{(q_{\mathrm{se}} + q_{\mathrm{ex}})^2 + q_{\mathrm{ro}}^2}{q^n} + \frac{q_{\mathrm{se}}}{|D|}\right) \tag{5.61}$$

证明　我们用 7 个试验 $\mathrm{Game}_0, \mathrm{Game}_1, \cdots, \mathrm{Game}_5, \mathrm{Game}_6$ 来证明协议的安全性。

$\mathrm{Adv}_{\mathrm{Game}_0}^{\mathrm{ake}}(\mathcal{A}) \leqslant \mathrm{Adv}_{\mathrm{Game}_1}^{\mathrm{ake}}(\mathcal{A}) + \mathrm{negl}(n) \leqslant \cdots \leqslant \mathrm{Adv}_{\mathrm{Game}_6}^{\mathrm{ake}}(\mathcal{A}) + \mathrm{negl}(n)$，其中 $\mathrm{negl}(n)$ 是关于 n 的可忽略的值。

Game_0：这个试验表示了真实的协议运行。

Game_1：在这个试验中，我们模拟所有的语言询问，并且通过列表 $\wedge H_1$、$\wedge H_2$、$\wedge H_3$ 和 $\wedge H_4$ 来模拟随机预言机 H_1、H_2、H_3 和 H_4。

$$\mathrm{Adv}_{\mathrm{Game}_0}^{\mathrm{ake}}(\mathcal{A}) \leqslant \mathrm{Adv}_{\mathrm{Game}_1}^{\mathrm{ake}}(\mathcal{A}) + \mathrm{negl}(n) \tag{5.62}$$

表 5.8　Send 询问的模拟

（1）当询问为 $\mathrm{Send}(\mathrm{MU}^i,\mathrm{start})$ 时，标记协议实例的开始，假设 MU^i 处在正确的状态，则 MU^i 进行认证过程第一步的运算，最后用 $m_1=\{\mathrm{SID},h_0,V_1,V_2,t_{\mathrm{MU}},\mathrm{ID}_{\mathrm{HA}}\}$ 回答该询问
（2）当询问为 $\mathrm{Send}(\mathrm{FA}^i,m_1)$ 时，假设 FA^i 处在正确的状态，则 FA^i 进行认证过程第二步的运算，最后用 $m_2=\{m_1,\mathrm{ID}_{\mathrm{FA}},\mathrm{MAC},t_{\mathrm{FA}}\}$ 回答该询问
（3）当询问为 $\mathrm{Send}(\mathrm{HA}^i,m_2)$ 时，假设 HA^i 处在正确的状态，则 HA^i 进行认证过程第三步的运算，最后用 $m_3=\{h_1,h_2,V_3,V_4,V_5,h_{\mathrm{MU}}\}$ 回答该询问
（4）当询问为 $\mathrm{Send}(\mathrm{FA}^i,m_3)$ 时，假设 FA^i 处在正确的状态，则 FA^i 进行认证过程第四步的运算，最后用 $m_4=\{h_3,h_1,V_5,V_6\}$ 回答该询问
（5）当询问为 $\mathrm{Send}(\mathrm{MU}^i,m_4)$ 时，假设 MU^i 处在正确的状态，则 MU^i 进行认证过程第五步的运算，最后用 $m_5=H_2(\mathrm{SK}_{\mathrm{MF}}\parallel h_{\mathrm{FA}}\parallel K_{\mathrm{MF}})$ 回答该询问
（6）当询问为 $\mathrm{Send}(\mathrm{FA}^i,m_5)$ 时，假设 FA^i 处在正确的状态，则 FA^i 进行认证过程第六步的运算，最后标记协议实例结束

证明　在协议中，$H_1()$、$H_2()$、$H_3()$、$H_4()$ 作为随机预言机使用，因此敌手无法区分 Hash 函数的输出和等长的随机值。

$H_1(m)$ 询问：如果在列表 $\wedge H_1$ 中存在记录 (m,r)，则返回 r。否则就随机选择一个 $r\in R_p$，然后添加 (m,r) 到列表 $\wedge H_1$ 中，然后返回 r。

$H_2(m)$ 询问：如果在列表 $\wedge H_2$ 中存在记录 (m,r)，则返回 r。否则就随机选择一个 $r\in z_q^*$，然后添加 (m,r) 到列表 $\wedge H_2$ 中，然后返回 r。

$H_3(m)$ 询问：如果在列表 $\wedge H_3$ 中存在记录 (m,r)，则返回 r。否则就随机选择一个 $r\in R_q$，然后添加 (m,r) 到列表 $\wedge H_3$ 中，然后返回 r。

$H_4(m)$ 询问：如果在列表 $\wedge H_4$ 中存在记录 (m,r)，则返回 r。否则就随机选择一个 $r\in z_q^*$，然后添加 (m,r) 到列表 $\wedge H_4$ 中，然后返回 r。

Game_2：在 Game_1 的基础上，如果敌手对 MU 进行了正确的口令猜测，则协议停止，敌手成功，此修改增加了敌手成功的概率，但是敌手的优势仍然可忽略

$$\mathrm{Adv}_{\mathrm{Game}_1}^{\mathrm{ake}}(\mathcal{A}) \leqslant \mathrm{Adv}_{\mathrm{Game}_2}^{\mathrm{ake}}(\mathcal{A}) + \mathrm{negl}(n) \tag{5.63}$$

证明　因为$\mathrm{ID}_{\mathrm{MU}}$对敌手$\mathcal{A}$不可见，所以敌手只能通过猜测$\mathrm{ID}_{\mathrm{MU}}$进行登录操作。敌手在掌握口令的情况下进行随机语言询问区分Game_2和Game_1。敌手的优势是可忽略的，所以$\mathrm{Adv}_{\mathrm{Game}_2}^{\mathrm{ake}}(\mathcal{A}) \leqslant \dfrac{q_{\mathrm{se}}+q_{\mathrm{ro}}}{p^n}$。

Game_3：Game_2和Game_3基本相同，区别在于诚实的实体选择了之前使用过的 SID 的值，则协议立即停止，敌手成功。

$$\mathrm{Adv}_{\mathrm{Game}_2}^{\mathrm{ake}}(\mathcal{A}) \leqslant \mathrm{Adv}_{\mathrm{Game}_3}^{\mathrm{ake}}(\mathcal{A}) + \frac{(q_{\mathrm{se}}+q_{\mathrm{ex}}+q_{\mathrm{ro}})(q_{\mathrm{se}}+q_{\mathrm{ex}})}{q^k} \tag{5.64}$$

证明　SID 是通过H_4生成的长度为k的字符串，且$\mathrm{SID} \in z_q^*$，所以 SID 的基数为q^k。SID 在 Send、Corrupt 和 Execute 询问后生成，所以 SID 在之前三个询问中生成的概率为$\dfrac{(q_{\mathrm{se}}+q_{\mathrm{ex}}+q_{\mathrm{ro}})}{q^k}$，SID 值不唯一的概率是$\dfrac{(q_{\mathrm{se}}+q_{\mathrm{ex}}+q_{\mathrm{ro}})(q_{\mathrm{se}}+q_{\mathrm{ex}})}{q^k}$。

Game_4：对 Send 询问做如下修改，使用随机值$(x_{\mathrm{MU}}^*, x_{\mathrm{FA}}^*)$代替$(x_{\mathrm{MU}}, x_{\mathrm{FA}})$计算$K_{\mathrm{MF}}$，对包含$(x_{\mathrm{MU}}, x_{\mathrm{FA}})$的消息，使用随机值$(x_{\mathrm{MU}}^*, x_{\mathrm{FA}}^*)$进行计算并响应，因为两组多项式都是在多项式空间中随机选取的，并且秘密值是经过加密传输的，对敌手不可见，所以此修改不增加敌手成功的概率。

$$\mathrm{Adv}_{\mathrm{Game}_3}^{\mathrm{ake}}(\mathcal{A}) \leqslant \mathrm{Adv}_{\mathrm{Game}_4}^{\mathrm{ake}}(\mathcal{A}) + \mathrm{negl}(n) \tag{5.65}$$

证明　$(x_{\mathrm{MU}}, x_{\mathrm{FA}})$使用 NTRU 公钥加密的方式进行加解密运算，在敌手不掌握私钥的情况下，仅仅依靠公钥和密文是无法得到明文相关信息的。构造一个算法$\mathcal{M}$来运行敌手$\mathcal{A}$破解加密体制。敌手$\mathcal{A}$将$(x_{\mathrm{MU}}^*, x_{\mathrm{FA}}^*)$和$(x_{\mathrm{MU}}, x_{\mathrm{FA}})$发送给算法$\mathcal{M}$，算法$\mathcal{M}$随机选择一组多项式进行加密，算法$\mathcal{M}$将加密后的密文发送给敌手。敌手猜测加密的结果，输出比特b作为其猜测值。如果进行了合理的参数选择，敌手的优势是可忽略的。

表 5.9　Reveal、Test、Execute 询问的模拟

Reveal(Π_U^i)：返回 MU^i 与 FA^i 的会话密钥
Test(Π_U^i)：当询问为 Test(MU^i / FA^i) 时，预言机随机选择一个比特 $b \in \{0,1\}$。如果 $b=0$，预言机返回一个与会话密钥等长的随机值，如果 $b=1$，预言机则返回真实的会话密钥
Execute(Π_U^i)：当询问为 Execute(MU^i,FA^i,HA^k)，返回三个实体之间交换的协议消息 $\{m_1, m_2, m_3, m_4, m_5\}$

Game_5：如果消息$\{m_1$、m_2、m_3、$m_4\}$发生碰撞，则协议立即停止，敌手成功。如果没有发生碰撞，则Game_5和Game_4是不可区分的。

$$\mathrm{Adv}_{\mathrm{Game}_4}^{\mathrm{ake}}(\mathcal{A}) \leqslant \mathrm{Adv}_{\mathrm{Game}_5}^{\mathrm{ake}}(\mathcal{A}) + \frac{(q_{\mathrm{se}}+q_{\mathrm{ex}})^2+q_{\mathrm{ro}}^2}{q^n} \tag{5.66}$$

证明　根据生日悖论可知，Game_4 和 Game_5 在消息产生碰撞的情况下是可以区分的，消息发生碰撞的概率是 $\dfrac{(q_{\text{se}}+q_{\text{ex}})^2+q_{\text{ro}}^2}{q^n}$。

Game_6：给定一个随机预言机保存并测试 MU 口令的正确性，该预言机初始化给定所有口令，并且对敌手透明。

$$\text{Adv}_{\text{Game}_5}^{\text{ake}}(\mathcal{A}) \leqslant \text{Adv}_{\text{Game}_6}^{\text{ake}}(\mathcal{A}) + \text{negl}(n) \tag{5.67}$$

证明　敌手无法通过对 MU 和 FA 公钥的攻击得到它们相对应的私钥，所以 MU 的私钥 $f_{\text{MU},q}^{-1}$ 和 FA 的私钥 $f_{\text{FA},q}^{-1}$ 对敌手不可见，并且在之前的游戏中 K_{MF} 由随机选取的值计算得出。此时会话密钥已经变成了随机值，敌手掌握的信息与会话密钥是不相关的，所以敌手只能通过猜测比特 b 的方式攻击协议或者通过在线攻击 MU 用户口令的方式攻击协议。

令敌手攻击 Game_6 成功的事件为 $\text{Succ}_{\text{Game}_6}^{\text{ake}}(\mathcal{A})$，敌手通过猜测口令攻击协议的事件为 Guss，我们限制敌手成功的概率为

$$\Pr(\text{Succ}_{\text{Game}_6}^{\text{ake}}(\mathcal{A})) \leqslant \Pr(\text{Guss}) + \Pr(\text{Succ}_{\text{Game}_6}^{\text{ake}}(\mathcal{A}) \mid \neg\text{Guss}) \Pr(\neg\text{Guss}) \tag{5.68}$$

我们知道，如果 MU 用户口令均匀分布在大小为 $|D|$ 的口令空间中，则 $\Pr(\text{Guss}) \leqslant \dfrac{q_{\text{se}}}{|D|}$。如果事件 Guss 不发生，那么敌手成功的唯一方式是通过 Test 询问猜测比特 b 的值。所以 $\Pr(\text{Succ}_{\text{Game}_6}^{\text{ake}}(\mathcal{A}) \mid \neg\text{Guss}) = \dfrac{1}{2}$。

$$\begin{aligned}
\Pr[\text{Succ}_{\text{Game}_6}^{\text{ake}}(\mathcal{A})] &\leqslant \Pr(\text{Guss}) + \Pr(\text{Succ}_{\text{Game}_6}^{\text{ake}}(\mathcal{A}) \mid \neg\text{Guss}) \Pr(\neg\text{Guss}) \\
&\leqslant \Pr(\text{Guss}) + \Pr(\text{Succ}_{\text{Game}_6}^{\text{ake}}(\mathcal{A}) \mid \neg\text{Guss})[1-\Pr(\text{Guss})] \\
&\leqslant \frac{q_{\text{se}}}{|D|} + \frac{1}{2}\left(1-\frac{q_{\text{se}}}{|D|}\right) \\
&\leqslant \frac{1}{2} + \frac{q_{\text{se}}}{2|D|}
\end{aligned} \tag{5.69}$$

所以通过式（5.69）计算出 $\text{Adv}_{\text{Game}_6}^{\text{ake}}(\mathcal{A}) = |2\Pr[\text{Succ}_{\text{Game}_6}^{\text{ake}}(\mathcal{A})]-1| \leqslant \dfrac{q_{\text{se}}}{|D|}$。

综上所述，结合 $\text{Game}_0, \text{Game}_1, \cdots, \text{Game}_5, \text{Game}_6$ 敌手的优势，最后可以计算出敌手成功的优势是可忽略的。所以本节方案满足会话密钥安全性。

2）条件匿名性

漫游终端 MU 的身份信息对 FA 是保密的，MU 仅仅通过伪随机身份 SID 和 FA 进行通信，并且每次认证时 SID 都会发生改变，所以漫游终端 MU 对 FA 是强匿名的。并且为了维持系统安全性，如果系统中出现恶意漫游终端 MU，需要及时

找出其真实身份信息，因为每次认证过程都需要 HA 参与，HA 建立了 SID 和 ID_{MU} 的关联，这时候 HA 可以通过 SID 找到 MU 用户真实身份 ID_{MU}。

3）前向安全性

假设攻击者成功获取 MU 和 FA 的私钥，攻击者也无法通过当前的秘密值得到 MU 与 FA 之前协商成功的会话密钥。因为 $SK_{FM} = H_3(SID \| K_{FM} \| ID_{FA})$，其中 SID 的值与随机选取的 r_{MU} 有关，故 SID 的值在每次协商过程都是不同的，K_{FM} 也是 MU 和 FA 随机选择的多项式计算得出的，所以会话密钥 SK_{FM} 满足前向安全性。

4）不可追踪性

敌手可以截取协议参与者之间交换的所有信息，但是敌手无法追踪 MU 的行为信息。MU 在每次交互过程中生成的消息和 SID 都是随机值，所以此方案满足不可追踪性。

5）共同认证

本节方案中敌手无法参与协议认证消息的生成和响应。本节方案参与者分别是 MU、FA 和 HA，其中 MU 和 FA 生成的认证消息只有合法的 HA 才能解密，然后合法的 HA 在认证成功 MU 和 FA 的合法性之后，帮助两者实现显示认证并正确生成会话密钥。

6）MU 用户登录验证

在本节方案中，MU 用户在登录时输入身份信息 ID_{MU} 和口令信息 PW_{MU}，智能卡会进行 MU 用户登录验证，计算 $H'_{MU} = H_1(ID_{MU} \| PW_{MU} \| \lambda)$，然后验证 H'_{MU} 与 H_{MU} 是否相等，若相等则用户身份验证通过，智能卡允许 MU 用户登录，否则拒绝车载终端用户登录。

7）抗重放攻击

在本节方案的登录与认证阶段，MU 和 FA 进行交互的消息中均附带时间戳，时间戳的存在用于保证协议消息的有效性和新鲜性，只有当时间戳被通信实体验证是新鲜有效的，通信实体才会接收消息并进行验证操作，并且由于每次认证过程中产生的协议消息是不同的，所以攻击者无法通过发送过期的消息进行重放攻击。所以本节方案可以抵抗重放攻击。

8）抗中间人攻击

假设本节方案在登录和认证阶段的通信信道中存在中间人攻击，攻击者需要截取并篡改认证消息。如果攻击者截获了消息 m_1，并且想要进行中间人攻击，攻击者必须先篡改加密消息 V_1、V_2，而 V_1、V_2 是通过 NTRU 加密机制加密过后的密文，由于格上困难问题 SVP 和 CVP，攻击者是无法得到私钥来解密消息的，故无法成功篡改消息 m_1。并且为了保证协议消息完整性，本节方案通过 Hash 函数生成消息摘要并包含在协议消息中，攻击者只有成功解决 Hash 函数的抗碰撞问题才能篡改消息，因此攻击者同样无法篡改消息。所以本节方案可以抵抗中间人攻击。

9）MU 用户模拟攻击

本节方案提供共同认证、本地 MU 用户登录认证，所以敌手无法通过模拟 MU 用户或者其他两个代理的身份攻击协议。

10）抗设备窃取攻击

即使敌手获得 MU 用户的终端，敌手无法从 MU 用户的智能卡中提取出用户口令和身份信息，只能通过猜测用户口令的方式登录设备，所以我们的方案可以抗设备窃取攻击。

11）抗享有特权的内部攻击

首先，在注册阶段，MU 发送给 HA 的注册信息为$\{\mathrm{ID}_{\mathrm{MU}},H_{\mathrm{MU}},\lambda\}$，HA 无法从注册信息中提取出 MU 的口令信息；其次，MU 还可以在 HA 不参与的情况下在智能卡中更新口令；最后，MU 和 FA 协商的会话密钥对 HA 是不可见的，所以本节方案可以抵抗享有特权的内部攻击。

12）安全的 MU 用户口令更改

在本节方案的口令更改阶段，现有的用户密码在用户的移动设备中进行自验证，只有通过验证过程后才会被新密码替换，并且 HA 不参与口令更改过程。因此，本节方案支持一个有效的密码更改阶段。

13）抗量子攻击

方案基于 NTRU 公钥机制构造，参与密钥协商的隐私数据通过 NTRU 加密保护数据安全性，所以本节方案可以抵抗量子计算机的攻击。

下面将对本节方案和其他同类型方案进行安全性比较。表 5.10 给出了本节方案与相关方案比较的分析总结。通过表 5.10 可以看到，本节方案满足所有提出的安全需求，除了本节方案，其他方案均无法抵抗量子攻击。此外，相关方案还存在其他的安全性问题。

（1）Farash 方案、Jiang 方案、Wen 方案、Grope 方案不满足条件匿名性，其中 Farash 方案和 Wen 方案不满足匿名性，Jiang 方案和 Grope 方案在匿名后本地代理无法追踪和监管。

（2）Farash 方案、Jiang 方案、Wen 方案和 Lee 方案无法抵抗重放攻击和恶意的本地代理攻击，后者会暴露给 HA MU 用户的会话密钥。

（3）Jiang 方案、Wen 方案和 Grope 方案的会话密钥没有提供正式的安全性证明，仅有非正式的安全性分析。

（4）Farash 方案、Wen 方案和 Grope 方案不满足前向安全性和设备窃取攻击，前者会暴露 MU 用户之前的会话密钥，后者导致移动设备存储的有用信息被提取，通过提取的信息攻击得到用户口令或身份信息。

通过以上分析可以得出结论，本节方案满足安全性分析中所有的安全特性，并且可以抵抗量子攻击，这是其他方案所不具备的。

表 5.10　方案安全性对比

安全性	方案					
	Farash 等[10]的方案	Jiang 等[9]的方案	Wen 等[8]的方案	Grope 和 Hwang[7]的方案	Wu 等[6]的方案	本节方案
S1	×	×	×	×	√	√
S2	×	√	×	×	√	√
S3	√	√	√	√	√	√
S4	×	√	×	√	√	√
S5	×	×	×	√	√	√
S6	×	√	√	√	√	√
S7	√	×	√	√	×	√
S8	×	√	×	×	√	√
S9	×	×	×	√	×	√
S10	×	√	√	√	√	√
安全等级	1	6	4	7	8	10

S1：条件匿名性；S2：前向安全性；S3：不可追踪性；S4：共同认证；S5：抗重放攻击；S6：抗中间人攻击；S7：MU 用户登录验证；S8：抗设备窃取攻击；S9：抗内部特权攻击；S10：安全的 MU 用户口令更改。

2. 性能分析

将本节方案与相关方案的计算和通信成本进行比较。由于消息传输时间受到天气、环境等影响，通信耗时只考虑客户端和服务器端的消息处理耗时。本节方案是基于 NTRU 公钥加密的漫游认证方案，其加解密使用了 NTRU 公钥机制。本节方案的运算总共涉及 Hash 运算、NTRU 加/解密运算、多项式模乘运算等操作，我们分别用 T_H、T_{NE}、T_{ND} 和 T_{NM} 表示。在表 5.11 所示的软硬件基础上，测量得出 NTRU 漫游方案四种单项运算运行时间。NTRU 单次运算时间和椭圆曲线单次运算时间记录在表 5.12 中。

表 5.11　实验设置

CPU	i7-6700，4 核 8 线程，3.4GHz
操作系统	Windows10
编程软件	IntelliJ IDEA 2019
源码库	Libntru、JPBC

表 5.12　单项运算耗时

符号	含义	≈时间/ms
T_H	单项 Hash 执行时间	0.004
T_{NE}	NTRU 加密执行时间	0.13
T_{ND}	NTRU 解密执行时间	0.086
T_{NM}	多项式模乘执行时间	0.0138
T_S	相关方案中对称加解密执行时间	0.075
T_E	椭圆曲线非对称加解密时间	1.4973
T_M	模幂运算执行时间	1.6235

表 5.13　方案运行耗时

方案	通信实体		
	MU	FA	HA
Wu 等[6]的方案	$8T_H+2T_E$	$4T_H+T_S+2T_E$	$8T_H+3T_S$
Grope 和 Hwang[7]的方案	$4T_H+T_M$	$4T_H$	$4T_H+T_M$
Wen 等[8]的方案	$4T_H+T_M$	$4T_H+T_M$	$5T_H+2T_M$
Jiang 等[9]的方案	$3T_H+T_M$	$4T_H$	$5T_H+T_M$
Farash 等[10]的方案	$6T_H$	T_H+2T_S	$5T_H+2T_S$
本节方案	$5T_H+T_{NE}+T_{ND}+T_{NM}$	$4T_{NH}+T_{NE}+T_{ND}+T_{NM}$	$5T_{NH}+T_{NE}+T_{ND}$

表 5.13 给出了本节方案和同类型方案认证耗时的对比，得益于 NTRU 加密机制的高性能，本节方案中三个通信实体的计算复杂度都比较低。通过图 5.7 的直方图可以直观地看出，所提方案效率比较高，认证过程运行时间仅高于 Farash 等的方案。表 5.14 给出了通信代价对比结果，本节方案由于安全性提示带来较大的通信开销，但考虑到实际场景中带宽资源较为充足，本节方案总体上具有优势。

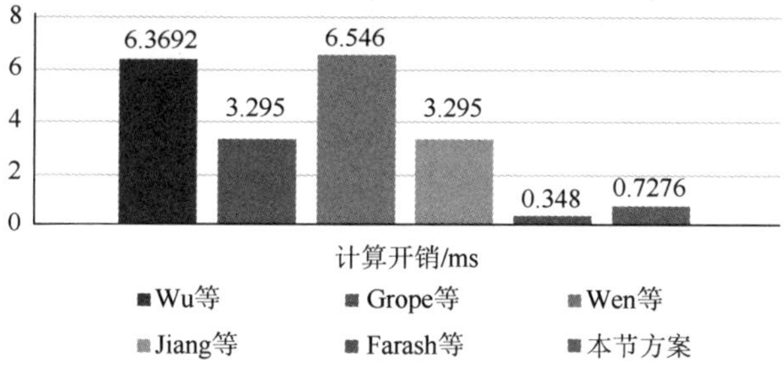

图 5.7　计算耗时比较

表 5.14 通信开销对比

方案	通信实体			通信开销/bits
	MU	FA	HA	
Wu 等[6]的方案	864	2336	736	3936
Grope 和 Hwang[7]的方案	1152	1600	320	3072
Wen 等[8]的方案	1152	1600	320	3072
Jiang 等[9]的方案	1152	1728	320	3200
本节方案	974	1980	949	3903

参 考 文 献

[1] Kang M，Rhee H S，Choi J Y. Improved user authentication scheme with user anonymity for wireless communications[J]. IEICE Transactions on Fundamentals of Electronics，Communications and Computer Sciences，2011，94（2）：860-864.

[2] Xie Q，Hu B，Tan X，et al. Robust anonymous two-factor authentication scheme for roaming service in global mobility network[J]. Wireless Personal Communications，2014，74（2）：601-614.

[3] Karuppiah M，Saravanan R. A secure authentication scheme with user anonymity for roaming service in global mobility networks[J]. Wireless Personal Communications，2015，84（3）：2055-2078.

[4] He D，Kumar N，Khan M，et al. Anonymous two-factor authentication for consumer roaming service in global mobility networks[J]. IEEE Transactions on Consumer Electronics，2013，59（4）：811-817.

[5] Karuppiah M，Kumari S，Das A K，et al. A secure lightweight authentication scheme with user anonymity for roaming service in ubiquitous networks[J]. Security and Communication Networks，2016，9（17）：4192-4209.

[6] Wu F，Xu L L，Kumari S，et al. An enhanced mutual authentication and key agreement scheme for mobile user roaming service in global mobility networks[J]. Annals of Telecommunications，2016，72（3/4）：1-14.

[7] Grope P，Hwang T. Enhanced secure mutual authentication and key agreement scheme preserving user anonymity in global mobile networks[J]. Wireless Personal Communications，2015，82（4）：2231-2245.

[8] Wen F T，Susilo W，Yang G M. A secure and effective anonymous user authentication scheme for roaming service in global mobility networks[J]. Wireless Personal Communications，2013，73（3）：993-1004.

[9] Jiang Q，Ma J F，Li G S，et al. An enhanced authentication scheme with privacy preservation for roaming service in global mobility networks[J]. Wireless Personal Communications，2013，68（4）：1477-1491.

[10] Farash M S，Chaudhry S A，Heydari M，et al. A lightweight anonymous authentication scheme for consumer roaming in ubiquitous networks with provable security[J]. International Journal of Communication Systems，2017，30（4）：e3019.